Impressum

9. Auflage 2022

Erlerstraße 10, A-6020 Innsbruck
E-Mail: loewenzahn@studienverlag.at
Internet: www.loewenzahn.at

Umschlag- und Buchgestaltung sowie grafische Umsetzung
Stefan Rasberger & Johanna Hopfner, www.labsal.at

Fotografien
Bernhard Aichner, außer S. 68 © DjiggiBodgi.com/Fotolia,
S. 103 © Andreas Schulze/iStockphoto, S. 104 © cityanimal/Fotolia,
S. 159 © tina7si/Fotolia, S. 235 © loreanto/Fotolia,
S. 256 © Stephen B. Goodwin/iStockphoto

Gedruckt auf umweltfreundlichem, chlor- und säurefrei gebleichtem Papier.

Bibliografische Information Der Deutschen Bibliothek
Die Deutsche Bibliothek verzeichnet diese Publikation in der
Deutschen Nationalbibliografie; detaillierte bibliografische Daten
sind im Internet über <http://dnb.ddb.de> abrufbar.

978-3-7066-2510-4

Ulrich Jakob Zeni

Die EINKOCH BIBEL

350 ×
Marmeladen,
Gelees, Chutneys,
Säfte & Co

Mit Fotografien von
Bernhard Aichner

Löwenzahn

INHALT

Vorwort

Liebe Leserinnen und Leser, liebe Feinkostgenießerinnen und -genießer!

In den vergangenen Jahren habe ich in unzähligen Verarbeitungskursen hunderte Rezepte vorgestellt, ausprobiert, gesehen und entwickelt. Die verschiedenen Fragen der Teilnehmer führten dazu, dass ich immer tiefer und tiefer in diese Materie eintauchte. Es öffnete sich für mich eine Welt der Gaumenfreuden und Genüsse. Wenn ich Früchte sehe und diese auch probiere, entsteht in meinen Gedanken sofort ein Rezept. Je nach Situation kann dieses süß, sauer, salzig, pikant oder auch hochgeistig ausfallen.

In den Kursen habe ich gesehen, dass die Fragen meist einen großen Bogen spannen. Selten wurden in einem „Konfitürenkurs" nur Fragen aus diesem Bereich gestellt. Schnell war man in der Diskussion beim Likör, Kompott oder landete gar bei den Essiggurken. Ich selbst sammle alte Kochbücher und liebe es, darin zu schmökern. Diese Bücher sind unvergleichbar, sie umfassen meist alles, was mit der Küche im weitesten Sinn zu tun hat. So habe ich z.B. ein Buch vom Ende des 19. Jahrhunderts, in dem die Köche vom Töten des Tieres über sämtliche Vor-, Haupt- und Nachspeisen bis hin zum Polieren des Tafelsilbers alles nachschlagen können.

Im Bereich des Einkochens gibt es zahlreiche Bücherserien und nahezu unzählige Rezeptsammlungen. Meist muss man auch einiges in Küchengeräte und Zutaten investieren, da selten auf das eingegangen wird, was in einer Haushaltsküche vorhanden ist. Was für mich nicht zu finden war, ist ein Werk, welches sämtliche Möglichkeiten des Haltbarmachens, genauer gesagt: des Einkochens, darstellt, beschreibt sowie Rezepte zu verschiedensten Früchten liefert – und das bewältigbar mit den einfachen, im Haushalt vorhandenen Utensilien. Damit war die Idee zu diesem Buch geboren.

Dieses Buch liefert zu fast 100 Obst-, Gemüse- und Kräuterarten aus Garten, Wald und Markt eine Fülle von Rezepten. Man ist mit diesem Buch in der Lage, saisonal vorhandene Rohstoffe einzukochen. Die Köstlichkeiten für den eigenen Vorratskeller sind auch Geschenke, die eine unvergleichbar persönliche Note besitzen. Etwas zu verschenken, das einzigartig ist und das man selbst hergestellt hat, bereitet meist viel mehr Freude als ein schnell gekaufter Blumenstrauß.

Wenn Sie dieses Buch lesen, erfahren Sie Hintergründe der Haltbarkeit, bekommen Informationen, warum manche Rezepte in ihrer Grundstruktur schon seit Jahrhunderten dieselben sind, und erhalten Ideen, was man mit Früchten und Gemüse alles machen kann. Aus diesem Grund haben wir uns bei der Suche nach dem Buchtitel letztlich auf den Namen „Die Einkoch-Bibel“ geeinigt – ein Werk, das ein unverzichtbarer Begleiter in der Spezialitätenmanufaktur „Küche“ ist.

Basis all der Köstlichkeiten in diesem Buch war und ist mein Umfeld – mein bisheriger Lebensweg. Aus diesem Grund ist es mir eine Freude, mit diesem Werk allen, die mich bisher begleitet und unterstützt haben, DANKE zu sagen. Eindrücke prägen einen Menschen, und diese kann man nur sammeln, wenn man in einem abwechslungsreichen Umfeld leben und schaffen darf. Mein ganz besonderer Dank gilt hier – stellvertretend für alle – meiner Familie, meinen Tanten und Paten, die mich bei der Grundsteinlegung unterstützten und bestärkten.

Allen Leserinnen und Lesern darf ich nun viel Spaß und Freude beim Ausprobieren, Kombinieren und Genießen wünschen.

Ulrich Jakob Zeni

Rohstoffe – Qualität und Auswahl

Bei den Rohstoffen ist es das Wichtigste, nur das Beste zu verwenden. Keinesfalls sollte die Küche zu Hause zu einem Abfallverwerter degradiert werden. Voll ausgereiftes, gesundes und sauberes Obst ist die Grundlage eines hervorragenden Endproduktes.

GERUCH & GESCHMACK

Auch bei den Blüten, Kräutern oder Gewürzen ist diese Regel gültig. Rohstoffqualitäten können mit den menschlichen Sinnen sehr einfach erfasst werden: Die Augen erfassen das Aussehen und die Nase sowie die Zunge und der Gaumen erfassen den Geruch und Geschmack. Was gibt es Schöneres, als mit offenen Augen durch die Welt zu gehen und die Gerüche und Geschmäcker der Gärten genießen zu können. Versuchen Sie doch einmal bewusst, mit allen Sinnen durch einen Gemüse-, Obst-, Fisch- oder Gewürzmarkt zu schlendern. Es eröffnet sich eine einzigartige Welt. Ein Feuerwerk an Sinneseindrücken wird in Ihrem Kopf entfacht.
Wir sind es nicht mehr gewöhnt, dass wir einkaufen und uns dabei auf diese Sinne verlassen. Wir werden von der Werbung zu den Aktionen geführt, ohne dabei bewusst auf die inneren Qualitäten und damit auf den Geruch und Geschmack eines Lebens- oder Genussmittels zu achten.
Bei einer gesunden und abwechslungsreichen Ernährung darf der Preis nicht die einzige Entscheidungsgrundlage für den Kauf sein. Vielmehr müssen wir uns wieder vermehrt auf unsere Sinne verlassen und den Genuss in den Vordergrund stellen.
Im Tierreich ist an zahlreichen Beispielen zu sehen, dass sich die Tiere bewusst das Beste auswählen. Man kann ein Tier nicht mit Aktionen verführen. Unsere Hauskatzen oder Hunde haben auch Vorlieben, was deren Futter betrifft. Die Tiere reagieren aber nicht auf Werbung, nein, es sind der Geruchs- und Geschmackssinn der Tiere und deren Instinkt.

WAHRER GENUSS

Wir Menschen müssen wieder besser darauf achten, was uns wirklich schmeckt und uns den wahren Genuss bringt. Was empfinden wir tatsächlich für qualitativ gut und was suggeriert uns die mediale Reizüberflutung?

Wie sehr sehnen Sie sich nach einem Obstgarten, in dem Sie die vollreifen, saftigen, frischen Früchte direkt von den Bäumen naschen können? Wie lecker ist es, in einem Gemüsegarten frische Karotten oder Radieschen zu knabbern?
Ja, das ist echter und unverfälschter Genuss auf höchster Ebene. Nicht jeder kann sich seinen eigenen Garten zu Hause leisten. Jeder kann aber mit seinen Sinnen aus den unzähligen Angeboten der Obstregale das Beste heraussuchen.
Beim Einkaufen macht es durchaus Sinn, auf die möglichst regionale Herkunft und die Saison der Rohstoffe zu achten.

FRISCHE ROHSTOFFE

Es sollten steht Rohstoffe bevorzugt werden, die auf kürzestem Weg, absolut frisch und vollreif in die Regale kommen. Auch bei exotischen Früchten wie z.B. Ananas oder Bananen muss auf Frische, Herkunft und die Art der Produktion geachtet werden.

Heute kennt man fast keine Saisonen mehr. Erdbeeren, Birnen, Bananen und andere Früchte werden ganzjährig angeboten. Früher war zuerst die Erdbeersaison, dann die Himbeersaison, dann kamen die Heidelbeeren. Dazwischen gab es noch kurz Kirschen, später dann Zwetschken und im Herbst gab es die Birnen. Den Abschluss der heimischen Obstarten machten die Äpfel. Im Winter kamen dann Orangen und mit Anfang Dezember die Mandarinen in die Märkte.

Was ist nun aber gute Qualität und wie können wir diese erkennen?

Diese Frage ist sehr einfach zu beantworten. Wir müssen uns, wie eingangs erwähnt, nur auf unsere Sinne verlassen. Stellen Sie sich eine vollreife Erdbeere vor – glänzend rot, frisch und im Biss saftig aromatisch, zart schmelzend weich. Ja, genau das ist eine qualitativ hochwertige Erdbeere. Das ist genau das, was wir uns wünschen. Wann haben Sie eine solche Köstlichkeit das letzte Mal bewusst genossen? Vertrauen Sie mehr auf Ihre Sinne und Ihre Empfindungen und Sie werden sehen, dass die Welt voller Überraschungen steckt und die Aromen ein Feuerwerk der Sinne darstellen.

Mengenangaben bei Kräutern und anderen Zutaten

Dieses Buch wurde mit dem Gedanken zusammengestellt, dass die Rezepte zum einen einfach und zum anderen ohne spezielle Gerätschaften für jeden umsetzbar sind. Aus diesem Grund sind auch die Mengenangaben so vereinfacht, dass diese mit einfachen Küchenutensilien messbar sind.

In vielen Rezepten werden die Mengenangaben bei Blüten, Blättern und anderen Pflanzenteilen in Stück angegeben. Diese Angaben führen allerdings zu großen Abweichungen in der tatsächlichen Menge. So z.B. sind Holunderblüten je nach Herkunft unterschiedlich groß und variieren von 6–20 cm Durchmesser. In diesem Buch wurde versucht, die Angaben so genau zu machen, dass die Menge der Zutaten auch immer dieselbe ist und jeder damit arbeiten kann.

Man könnte die Angabe in Gramm machen, aber es gibt noch eine einfachere Art, die Menge von Pflanzenteilen abzumessen. In diesem Buch wird auf das Volumen zurückgegriffen. Die Pflanzenteile werden in Liter angegeben. So z.B. verwendet man beim Holunderblütensirup 1/2 Liter Blüten. Dazu nimmt man die Blütendolden des Holunders und schneidet die dicken grünen Stiele ab. Die kleinen Blütenbüschel gibt man nun locker in einen Messbecher und misst so 1/2 Liter ab. Bei Blättern wie z.B. der Pfefferminze werden die Blätter von den Stielen gezupft und locker in einem Messbecher ausgelitert. Diese Angabe hilft auch, die Menge optisch zu erfassen. Es ist leichter, sich eine Blättermenge im Volumen als im Gewicht vorzustellen.

HOLUNDERBLÜTENSIRUP, SEITE 136

Bei den Gewürzen werden die Angaben in diesem Buch in der Einheit von Ess- oder Teelöffeln gemacht. Man bezieht sich dazu auf die Standardgröße von Löffeln. Verwendet man etwas mehr oder weniger, stört dies im Rezept nicht wirklich. Angaben, die Zutaten in noch kleineren Mengen bezeichnen, wie z.B. „etwas" oder „ein paar" bedeuten, dass die jeweilige Zutat nur zum Abrunden oder Verfeinern dazugegeben wird. Hier kann man auch nach eigenem Geschmack variieren.

Gläser, Flaschen und Verschlüsse

Das Wichtigste beim Einkochen und Haltbarmachen sind Genauigkeit und Sauberkeit. Nach dem Erhitzen sind die Produkte soweit keimfrei gemacht, dass diese dann für mehrere Monate haltbar sind. Um diese Haltbarkeit auch wirklich gewährleisten zu können, ist es wichtig, dass Flaschen und Gläser grundlegende Anforderungen erfüllen. Die Schwachstelle bei den Flaschen und Gläsern sind die Verschlüsse und Deckel. Schraubverschlüsse und ebensolche Deckel haben an der Stelle, an der sie am Glas aufsitzen, einen dünnen Gummiring eingeklebt, der Garant für die Dichtheit ist. Dieser wird beim Zudrehen zusammengepresst. Bei einer Wiederverwendung kann der Gummiring nicht mehr ganz dicht abschließen, da er plattgedrückt bleibt. Verschlüsse sollte man daher nur einmal verwenden. Weckgummis und Gummiringe von Bügelflaschen sollten bei einer Wiederbefüllung ebenso erneuert werden.

Bei Flaschen mit Kunststoffdeckeln muss beim Zudrehen vorsichtig gearbeitet werden, um die Verschlüsse nicht zu überdrehen. Auch Metallverschlüsse können durch festes Zudrehen ihre Dichtheit verlieren.

Bei den Falschen und Gläsern ist die Reinigung ein sehr wichtiger Punkt. Allfällige Verunreinigungen müssen gründlichst entfernt werden. Alleine das Auswaschen mit heißem Wasser reicht dazu nicht aus. Am besten werden die Flaschen oder Gläser mit einer Reinigungslösung befüllt und für ein paar Stunden so stehen gelassen. Nachdem das Mittel gut eingewirkt ist, entleert man die Flaschen oder Gläser und spült mit viel frischem Wasser nach, so dass keine Rückstände zurückbleiben. Im Haushalt verwendet man am einfachsten eine Lösung mit Geschirrspülmittel, welches sonst im Geschirrspüler verwendet wird. Geschirrspülmittel haben eine sehr gute Lösekraft, so dass Flaschen und Gläser auch wirklich sauber werden.

Nachdem die Falschen und Gläser gut ausgespült worden sind, lässt man diese kopfüber austrocknen, bevor die Köstlichkeiten eingefüllt werden.

MANDELHONIG, SEITE 207

Pasteurisieren, Sterilisieren und die Abfüllung

Der Unterschied zwischen Pasteurisieren und Sterilisieren liegt in der Temperatur, mit der das jeweilige Produkt haltbar gemacht wird. Beim Pasteurisieren arbeitet man bei Temperaturen unter 100 °C und beim Sterilisieren darüber. Grundsätzlich werden Obstkonserven, Fruchtsäfte, Marmeladen oder Ähnliches pasteurisiert. Bei Gemüsekonserven und Relish wird sterilisiert, da hier keine Fruchtsäuren vorhanden sind, welche die Haltbarkeit zusätzlich unterstützen.

MIKROORGANISMEN

Die Hitzeeinwirkung tötet Mikroorganismen wie Hefen, Schimmelpilze oder Essigbakterien ab und verhindert so einen Verderb des Produktes. Je mehr Mikroorganismen vorhanden sind, desto höher muss die Temperatur sein und auch die Einwirkzeit muss dementsprechend verlängert werden. Die Verwendung von gesunden und sauberen Rohstoffen ist daher eine wichtige Basis für eine lange Haltbarkeit der Produkte.

INAKTIVIERUNG DER ENZYME

Neben der Haltbarkeit hat die Erhitzung von Obst und Gemüse eine weitere wichtige Funktion. Enzyme im Obst oder Gemüse sind dafür verantwortlich, dass die eingekochten Köstlichkeiten mehr oder weniger schnell verfärben und unansehnlich werden. Genau diese Enzyme werden durch Hitzeeinwirkung inaktiv und die Farben damit erhalten. Als Faustregel gilt, dass man Früchte zur Inaktivierung dieser Enzyme auf ca. 80 °C erhitzt. Bei Fruchtsaft reicht es aus, wenn dieser kurz auf diese Temperatur erhitzt wird. Fruchtstücke sollte man je nach Größe für ca. 5–8 Minuten leicht wallend kochen. Die Rezepte in diesem Buch sind so aufgebaut, dass die Inaktivierung der Enzyme gegeben ist.

FLASCHEN, GLÄSER & VERSCHLÜSSE

Flaschen, Gläser und Verschlüsse müssen vor dem Abfüllen nicht, wie vielfach angegeben, im Backrohr sterilisiert werden. Es reicht, wenn diese gründlich gereinigt wurden und trocken sind. Wichtig ist nur, dass das Produkt richtig heiß in die Gläser und Flaschen kommt. Zum Zeitpunkt des Verschließens soll das Füllgut noch mindestens 80 °C haben. Bei Flüssigkeiten wie Säften oder Sirup werden die Flaschen unmittelbar nach dem Füllen verschlossen und umgelegt. Durch das Umlegen der Flaschen wird der Verschluss mit der heißen Flüssigkeit benetzt, wodurch die Keime, die sich dort befinden, abgetötet werden können. Die Flaschen müssen nicht zur Gänze randvoll gemacht werden. Der kleine Luftraum, der in den Flaschen zurückbleibt, wird durch das Umlegen keimfrei gemacht.

GUT ERHITZEN

Bei Konfitüren, Marmeladen oder ähnlichen Produkten, die in Gläser abgefüllt werden, ist ein Umdrehen der Gläser nicht notwendig. Wichtig ist nur, dass das Produkt gut erhitzt in die Gläser gefüllt wird und diese sofort verschlossen werden. Beim Abfüllen ist darauf zu achten, dass sauber gearbeitet wird und keine Tropfen am Glasrand zurückbleiben. Diese könnten später zu Schimmel und dem Verderb des Produktes führen.

HALTBARKEIT

Die heiße Luft zwischen dem Produkt und dem Deckel kühlt nach dem Verschließen aus und zieht sich stark zusammen. Der jetzt entstandene Unterdruck presst den Verschluss zusätzlich auf den Glasrand und unterstützt die Haltbarkeit.

Lagerung und Haltbarkeit

Lebens- und Genussmittel haben meist ein Mindesthaltbarkeitsdatum. Wie der Name schon sagt, ist dieses jenes Datum, bis zu dem das Produkt mindestens haltbar ist – bei richtiger Lagerung kann dieses jedoch deutlich überschritten werden. Dazu ist jedoch wichtig, dass man weiß, wie Lebensmittel richtig gelagert werden.

LICHT & WÄRME

Die größten Feinde der Haltbarkeit sind Licht und Wärme. Direktes Sonnenlicht zerstört Inhaltsstoffe und Farben bei Lebensmitteln. Verantwortlich dafür ist das UV-Licht. Warme Lagerbedingungen fördern Veränderungen in den Lebensmitteln und führen meist zu einem schnelleren Verderb.

Kurz gesagt ist für Lebens- und Genussmittel eine möglichst dunkle und kühle Lagerung eine wichtige Grundlage für eine entsprechende Haltbarkeit.

Die nach den Rezepten in diesem Buch hergestellten Köstlichkeiten sind rund 1 Jahr haltbar. Voraussetzung ist jedoch, dass die Rohstoffe beim Herstellen frisch waren und die Lagerung kühl und dunkel ist. Liköre und Geiste sind aufgrund des Alkoholgehaltes von mehr als 15 % vol grundsätzlich nahezu ewig haltbar. Lediglich bei Likören können sich die Farben nach ca. 8–12 Monaten verändern. Die Frische und der Fruchtgeschmack gehen nach rund 1 Jahr auch etwas verloren.

Wann ist nun ein Produkt aber wirklich verdorben?
Um den Verderb eines Produktes festzustellen, braucht man meist kein aufwändiges Labor. Es reicht aus, die eigenen Sinne einzusetzen und auf Veränderungen zu achten.

Als Erstes ist Schimmel zu nennen. Hat sich Schimmel gebildet, so ist das Produkt zur Gänze zu entsorgen. Schimmel zeigt sich meist an der Oberfläche und ist leicht zu erkennen. In Fruchtsäften kann Schimmel auch als schneeballartige Flocke auftreten. Auch hier ist der jeweilige Saft zu entsorgen.

GASBILDUNG

Gasbildung ist meist auch leicht zu erkennen. Eine allfällige Gasbildung durch Mikroorganismen zeigt sich meist durch ein Aufwölben der Verschlüsse. Auch eine Geruchsveränderung geht meist mit der Gasbildung einher. Bei Gasbildungen haben Mikroorganismen zu arbeiten begonnen und daher sind die entsprechenden Produkte zu entsorgen.

Farbveränderungen treten meist durch falsche Lagerung auf. Lichteinfluss verändert die Farbe von Lebensmitteln. Vor allem rote und grüne Farben reagieren sehr empfindlich auf UV-Licht. Rot wird zu einem fahlen Braun und Grün verändert sich zu einem blassen Grün- oder Blaugrau. Farbveränderungen sind meist nur optische Mängel und meist könnte man die Produkte noch konsumieren. Da bekanntlich das Auge mitisst, schwindet der Genuss allerdings meist deutlich.

Geschmacksveränderungen werden oft durch zu lange Lagerung hervorgerufen. Bei Ölen z.B. kann man eine zu lange Lagerung am ranzigen, teilweise sogar bitteren Geschmack erkennen. Geschmacksveränderungen, die durch Mikroorganismen hervorgerufen wurden, sind meist gepaart mit Gasbildung. Produkte, die dem Geschmack nicht mehr entsprechen bzw. im Laufe der Lagerung bitter geworden sind, sollten unbedingt entsorgt werden.

Grundsätzlich denke ich, produziert man all diese Köstlichkeiten, um sie zu genießen und daher sollte man diese auch konsumieren und nicht nur für die Vorratskammer herstellen.

Zucker und Zuckerarten

WEISSER ODER BRAUNER ZUCKER?

Bei der Verwendung von Zucker in Einkochprodukten entstehen oft große Diskussionen. Vielfach herrscht der Glaube vor, dass braune Zuckerarten gesünder sind als weiße. Es kommt sogar vor, dass manche der Ansicht sind, dass Zuckeraustauschstoffe noch gesünder sind und verwenden daher diese. Fakt ist, dass weißer Zucker, wie wir ihn aus dem Handel kennen, reine Saccharose ist. Die meisten braunen Zucker werden nachträglich mit Melasse eingefärbt, da es um vieles einfacher ist, diese einzufärben als den Zuckergewinnungsprozess in der Mitte abzubrechen. Der Vorteil von braunem Zucker ist, dass dieser einen leichten Karamellgeschmack mitsichbringt. In den Rezepten wird dieser Karamellgeschmack teilweise durch leichtes Karamellisieren von weißem Zucker und anschließendem Ablöschen erreicht. In manchen Fällen greifen wir auch auf braunen Zucker zurück.

In den meisten Rezepten verwenden wir allerdings weißen Zucker, sogenannten Kristallzucker, welcher im Handel auch in Bioqualität erhältlich ist. Kristallzucker hat den Vorteil, dass die Aromen der Früchte und Gewürze voll zur Geltung kommen – ohne jeglichen Karamellgeschmack.

ALTERNATIVEN

Es ist möglich, den angegebenen Kristallzucker gegen Biozucker oder gar Rohrzucker auszutauschen. Die Süßkraft der meisten dieser Zuckerarten ist jedoch geringer als jene des üblichen Kristallzuckers. Es kann daher sinnvoll sein, den Zuckeranteil entsprechend anzupassen und nach oben zu korrigieren.

GELIERZUCKER

Beim Gelierzucker sollte man immer auf die Zutatenliste am Zucker achten. Hier sind nicht selten chemische Konservierungsmittel aufgelistet, welche vor allem bei den 2:1 und 3:1 Gelierzuckern die Haltbarkeit des Produktes gewährleisten. Es muss jeder selbst für sich entscheiden, ob etwas weniger Zucker mit dem Einsatz von chemischen Konservierungsmitteln in den selbst erzeugten Köstlichkeiten gerechtfertigt werden kann.

Kandieren

Das Kandieren ist eine der aufwändigsten Varianten, Früchte zu konservieren. Selbst kandierte Früchte sind jedoch eine ganz besondere Köstlichkeit und entschädigen für die in Kauf genommenen Mühen. Vor allem für Kinder sind kandierte Früchte eine besondere Süßigkeit, die selbst gemacht am besten schmeckt. Es können nahezu alle Früchte kandiert werden: Äpfel, Birnen, Zwetschken, Trauben und auch die Exoten wie Mangos, Ananas oder Zitrusfrüchte. Kandieren ist keine Aufgabe, die man an einem Nachmittag erledigen kann, da die Früchte über mehrere Tage in Zuckerlösung eingelegt werden müssen.

Für das Kandieren muss als Basis eine Zuckerlösung hergestellt werden. Diese Basis ist bei allen Früchten dieselbe. Diese Zuckerlösung zieht den Saft aus den Früchten und lagert den Zucker in die Früchte ein. Damit werden die Früchte vom Zucker gesättigt und dieser bindet die Flüssigkeit so fest, dass sich Schimmelpilze nicht mehr ansiedeln können. Beim Lagern muss darauf geachtet werden, dass keine Luftfeuchtigkeit zu den kandierten Früchten kommt.

ZUTATEN: 1 L WASSER ODER FRUCHTSAFT * SAFT VON 1 ZITRONE * 1 KG ZUCKER * DIVERSE FRÜCHTE

Im 1. Schritt wird die Flüssigkeit so lange erhitzt, bis sie zu kochen beginnt. Nun wird der Zucker eingerührt und der Zitronensaft dazugegeben. Anschließend kocht man so lange weiter, bis die Zuckerlösung Fäden zieht. Jetzt die Lösung auf ca. 20 °C auskühlen lassen und dann über die zu kandierenden Früchte gießen. Nach 24 Stunden werden die Früchte abgeseiht. **Im 2. Schritt** wird die Zuckerlösung abermals gut aufgekocht, bis diese wieder Fäden zieht. Jetzt lässt man die Lösung auf ca. 40 °C auskühlen, bevor man sie erneut über die Früchte gießt. Nach weiteren 24 Stunden werden die Früchte wieder aus der Lösung genommen. **Nun wird die Zuckerlösung ein 3. Mal erhitzt** und so lange gekocht, bis diese wiederum Fäden zieht. Dieses Mal lässt man die Zuckerlösung auf ca. 80 °C auskühlen, bevor man die Früchte wieder damit übergießt. Nach gut 24 Stunden werden die Früchte nun das letzte Mal aus der Zuckerlösung genommen und man lässt sie abschließend gut abtrocknen.

Wichtig ist, dass die Früchte wirklich zur Gänze, bis in den Kern hinein, kandiert sind. Nur so sind sie dann auch gut 1 Jahr haltbar. Zur Lagerung werden die kandierten Früchte in Frischhalteboxen gefüllt und luftdicht verschlossen.

Um festzustellen, dass die Früchte bis in den Kern kandiert sind, muss man 1 Stück (möglichst das größte) in der Mitte teilen. Erst dann sieht man, wie weit der Zucker in die Frucht eingezogen ist. Sollte es der Fall sein, dass der Zucker noch nicht zur Gänze eingezogen ist, wiederholt man den 3. Schritt des Kandierens weitere 2–3 Mal.

Geliermittel, deren Anwendung und Vorteile

Das Geliermittel hat die Aufgabe, im eingekochten Produkt ein Gelgitter zu erzeugen, welches das Wasser einschließt – dadurch wird z.B. die Konfitüre stichfest und haltbar gemacht.

Die meisten unserer Früchte enthalten natürliches Pektin, manche mehr und manche weniger davon. Für die Wirkung des Pektins ist auch der Säuregehalt der jeweiligen Frucht maßgeblich. Früchten mit wenig Säure oder solchen, bei denen die Säure durch andere Inhaltsstoffe in ihrer Wirkung gemindert wird, muss Säure zugegeben werden. Das kann z.B. in Form von Zitronensäure oder auch durch Zitronensaft erfolgen.

ANANASKONFITÜRE, SEITE 44

Früchte, die viel Pektin enthalten, erkennt man auch oft daran, dass das Fruchtfleisch fest und hart ist. Auch grüne, unreife Früchte haben viel eigenes Pektin. In diesem Fall ist eine zusätzliche Zugabe nicht unbedingt erforderlich. Als Beispiel kann man hier Quitten, schwarze Johannisbeeren oder grüne Äpfel anführen.

GELIERZUCKER

Gelierzucker 1:1 ist die einfachste Form der Verwendung des Pektins. Er ist eine Mischung aus Zucker, Pektin und Zitronensäure. Zur Verminderung der Schaumbildung werden dem Gelierzucker teilweise auch diverse Pflanzenfette zugesetzt. Das hier verwendete Pektin wird meist aus Zitrusfrüchten oder Äpfeln gewonnen.
Gelierzucker 2:1 oder 3:1 enthalten zusätzlich meist noch chemische Konservierungsmittel, welche dann die Haltbarkeit des Produktes gewährleisten, da ja der Zuckeranteil, welcher eigentlich die Haltbarkeit sichert, deutlich reduziert ist.

GELIERHILFEN

Gelierhilfen ohne Zucker sind meist Mischungen aus Pektin und Säuren mit Konservierungsmitteln. Diese werden verwendet, wenn der Kristallzucker gegen Bio-Zucker oder andere Zuckerarten ausgetauscht werden soll. Mittlerweile werden im Handel jedoch auch Gelierzucker in Bioqualität angeboten.

AGAR-AGAR

Agar-Agar wird aus Rotalgen hergestellt. Den Ursprung hat dieses Geliermittel in Asien. Es handelt sich um eine dem Pektin sehr ähnliche Substanz. Da die Algen aber nicht alle gleich sind, kann auch die einzusetzende Menge variieren. Der Vorteil von Agar-Agar ist, dass es unabhängig von der verwendeten Zuckerart und dessen Menge zum Gelieren führt. Lediglich der pH-Wert, also der Säuregehalt, kann die Gelierkraft mindern bis verhindern. So sind Früchte, die sehr viel Säure enthalten, nicht für die Arbeit mit Agar-Agar geeignet. Ein weiterer Unterschied zum Pektin ist die Geliergeschwindigkeit. Diese kann bei Agar-Agar auch etwas länger dauern und beginnt, nachdem das Produkt auf unter 45 °C ausgekühlt ist. Bei Fruchtkonfitüren mit Fruchtstücken oder Kernen kann das zu Problemen führen, da diese aufsteigen können. Die aufgestiegenen und damit oben konzentriert vorhandenen Kerne, z.B. bei Erdbeeren oder Himbeeren, können beim Genießen unangenehm sein.

Weitere Gelierhilfen sind *Johannisbrotkernmehl* oder *Gelatine*. Diese finden beim Einkochen von Obst und Gemüse jedoch keine Verwendung.

Bei allen Gelierhilfen ist es wichtig, die Dosierung und Anwendungsvorschriften entsprechend einzuhalten, dann gelingt es immer.

Fruchtsaft und Sirup

Bei der Herstellung von Fruchtsäften und Sirupen ist das Wichtigste, dass die verwendeten Rohstoffe wirklich reif sind und viel Aroma enthalten. Bei der Gewinnung des Saftes muss unbedingt darauf geachtet werden, dass die Aromen und Farben der Früchte möglichst zur Gänze erhalten bleiben. Die qualitativ hochwertigste Variante, den Saft aus den Früchten zu gewinnen, ist, diese kalt zu pressen. Weitere Varianten sind das Entsaften mit Fruchtsaftzentrifugen von Küchengeräten oder das leichte Erwärmen und anschließende Abseihen durch feine Siebe oder Tücher. Bei den Rezepten im Buch werden die einzelnen Möglichkeiten entsprechend deren Verwendbarkeit angeführt.

Der althergebrachte Dampfentsafter hat ausgedient. Beim Dampfentsaften werden die Aromen und Farben zur Gänze zerstört. Der Dampf mit ca. 100 °C verändert die Aromen während des Entsaftens so stark, dass am Ende die Frucht fast nicht mehr erkannt werden kann. Auch sämtliche Vitamine und gesunden Inhaltsstoffe werden durch den Dampf zerstört.

Fruchtsäfte werden ausschließlich durch das Pasteurisieren haltbar gemacht. Zusätze, die früher verwendet wurden, um Säfte haltbar zu machen, sind mittlerweile verpönt und dürfen auf keinen Fall mehr eingesetzt werden.

HERSTELLUNG VON SIRUP

Bei der Herstellung von Sirupen ist vorab zu sagen, dass Sirupe vorwiegend aus aromaintensiven Früchten oder Kräutern hergestellt werden. Da der Sirup beim Genießen im Verhältnis von rund 1:6 verdünnt wird, ist es wichtig, dass wirklich das volle Aroma der verwendeten Rohstoffe in den Sirup kommt. Die Haltbarkeit wird bei Sirup durch den hohen Zuckergehalt in Kombination durch die Heißfüllung erreicht. Zucker wirkt wasseranziehend und bindet die Flüssigkeit im Sirup so stark an sich, dass Mikroorganismen wie Hefen oder Schimmelpilze keine Entwicklungsgrundlage vorfinden. Bei der Herstellung von Sirupen sollten daher die Zuckermenge der Rezepte auf keinen Fall reduziert werden. Die Rezepte sind so ausgelegt, dass nach einer Verdünnung von 1:6 bis 1:7 die entstehende Limonade fein fruchtig, aber keinesfalls zu süß ist.

Wird der Zuckeranteil reduziert, muss wiederum auf chemische Konservierungsmittel zurückgegriffen werden, und das muss bei selbst Eingemachtem nicht wirklich sein. Einsiedehilfen aus dem Handel beruhen auf der Basis von chemischen Konservierungsmitteln. Ein Blick auf die Zutatenliste der Einsiedehilfen offenbart dies sehr schnell.

LIMETTENSIRUP, SEITE 195

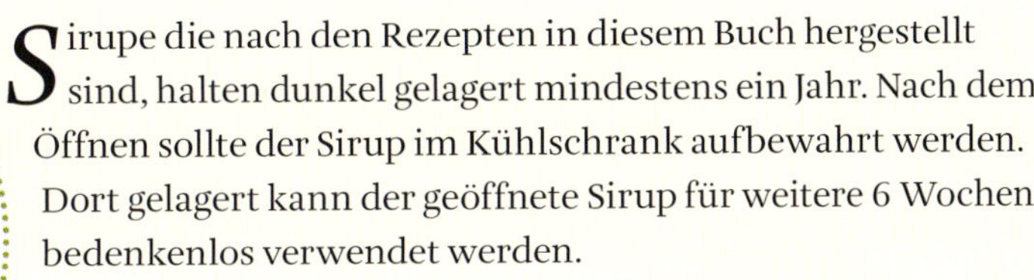

Sirupe die nach den Rezepten in diesem Buch hergestellt sind, halten dunkel gelagert mindestens ein Jahr. Nach dem Öffnen sollte der Sirup im Kühlschrank aufbewahrt werden. Dort gelagert kann der geöffnete Sirup für weitere 6 Wochen bedenkenlos verwendet werden.

Konfitüre, Marmeladen, Gelees sowie Fruchtaufstriche

Bei diesen Begriffen herrscht im deutschsprachigen Raum ein wenig Verwirrung. Korrekter Weise bezeichnet man im weitesten Sinn gelierte Obstzubereitungen, die aus Fruchtmark oder Fruchtstücken hergestellt wurden, als „Konfitüren". Wird zur Herstellung dieser Obstzubereitungen der Fruchtsaft ohne Fruchtfleisch verwendet, so sind diese als „Gelees" zu bezeichnen. Sind die zur Herstellung verwendeten Obstarten Zitrusfrüchte, so werden diese mit dem Sammelbegriff „Marmelade" bezeichnet. In Österreich und manchen Regionen Deutschlands wird das Wort Marmelade für sämtliche Fruchtaufstriche verwendet, da die Zitrusprodukte hier keine Tradition und wenig Bekanntheit haben.

Um die frischen Farben der Früchte zu erhalten, ist es notwendig die Enzyme, welche für die Braunfärbungen verantwortlich sind, auszuschalten. Dazu werden die Früchte bis in den Kern der Fruchtstücke auf mindestens 85 °C erhitzt. Bei den einzelnen Rezepten wurde bei den Angaben der Kochzeiten auf diese Umstände bereits Rücksicht genommen. Es sollten diese daher auf keinen Fall verkürzt werden.

Vielfach gelieren Konfitüren nur schlecht. Das hängt mit den Inhaltsstoffen der Früchte zusammen. Das Geliermittel Pektin, das z.B. im Gelierzucker verwendet wird, stellt hohe Ansprüche an das Medium, damit die Geleebildung auch wirklich stattfinden kann. Meist sind es Früchte mit wenig Säure, wie Erdbeeren oder Holunder, die Probleme beim Gelieren bereiten. Um diesem Problem entgegenzuwirken, wird hier die Zugabe von Zitrussäften oder eine Mischung der Früchte mit sauren Früchten empfohlen. Die Rezepte in diesem Buch berücksichtigen diese Umstände bereits. Gutes Gelieren ist eine wichtige Basis für die lange Haltbarkeit der Produkte.

FEIGENKONFITÜRE, SEITE 99

LICHT & WÄRME

In letzter Zeit sind viele Gelierzucker auf den Markt gekommen, die den Zuckergehalt in den Produkten deutlich reduzieren – so z.B. Gelierzucker 2:1 oder gar 3:1. Wenn man betrachtet, wie viel der Zuckergehalt in der Konfitüre des Frühstücksbrotes im Verhältnis zu den Softdrinks ausmacht, ist diese Reduzierung des Zuckeranteils nicht wirklich ausschlaggebend für eine gesunde Ernährung. Ein Liter einer Limonade enthält annähernd dieselbe Menge Zucker wie 500 g Konfitüre. Niemand würde auf die Idee kommen, diese Menge Konfitüre auf einmal zu konsumieren. Bei der Limonade ist das durchaus möglich.

HALTBARKEIT

Wenn man nun noch das System der Haltbarkeit von Konfitüren und ähnlichen Produkten betrachtet, kommt man rasch zum Schluss, dass es durchaus sinnvoll ist, den althergebrachten Gelierzucker 1:1 zu verwenden. Gelierte Produkte haben zwei Mechanismen, die Haltbarkeit zu gewährleisten. Zum einen wird durch die Gelbildung das Wasser fest eingeschlossen und zum anderen wird durch den hohen Zuckergehalt die Flüssigkeit zusätzlich gebunden. Aus diesen zwei Gründen können auf richtig hergestellten Produkten keine Schimmelpilze wachsen. Senkt man den Zuckergehalt im Produkt deutlich unter 50 % ab, so haben die Schimmelpilze die Möglichkeit, auf die in den Produkten vorhandene Flüssigkeit zuzugreifen und damit das Lebensmittel zu verderben. Bei den Gelierzuckern 2:1 und 3:1 wird die Reduzierung des Zuckers meist durch die Zugabe von chemischen Konservierungsmitteln ausgeglichen, welche dann die Haltbarkeit der Produkte gewährleisten.

In diesem Buch wurde bewusst der herkömmliche Gelierzucker 1:1 verwendet, da ich die Ansicht vertrete, dass selbst erzeugte Köstlichkeiten keinesfalls chemisch konserviert werden sollten. Der höhere Anteil an Zucker kann durch einen kleinen Spaziergang sinnvoller „eingespart“ bzw. „aufgebraucht“ werden.

SCHIMMEL

Werden Konfitüren, Gelees oder Marmeladen geöffnet und angebraucht, so ist beim Entnehmen darauf zu achten, dass man immer mit einem sauberen Löffel schichtweise das Produkt herausnimmt. Keinesfalls darf mit einem Messer oder Löffel im Glas herumgestochert werden. Es würde das Gelgitter zerreißen und Flüssigkeit freisetzen. Diese freigesetzte Flüssigkeit wird auch als Synäresewasser bezeichnet. Es sammelt sich als kleine Pfütze am tiefsten Punkt im Glas und bietet einen perfekten Nährboden für Schimmelbildung. Die Produkte verderben dann sehr rasch. Nach dem Öffnen sollte man die Gläser im Kühlschrank aufbewahren.

Trocknen von Obst und Gemüse

Das Trocknen ist eines der ältesten Verfahren, Lebensmittel haltbar zu machen. Unsere Urahnen haben schon Fisch und Fleisch an der Luft getrocknet, um sie für den Winter haltbar zu machen. Wir trocknen vornehmlich Obst, Gemüse und Kräuter, aber auch Pilze, um diese haltbar zu machen. Beim Vorgang des Trocknens wird der Wassergehalt von ursprünglich über 80 % auf unter 15 % verringert. Aufgrund des sehr niederen Wassergehaltes ist es für Mikroorganismen nicht mehr möglich, sich zu vermehren. Vor allem die Schimmelpilze werden in der Entwicklung gehindert. Man bezeichnet diesen Trocknungsgrad auch als „rascheltrocken". Darunter versteht man, dass sich das Trockengut beim Berühren wie trockenes Herbstlaub anfühlt und auch so klingt.

Wichtig beim Trocknen ist, dass man nicht mit zu großer Hitze arbeitet. Hohe Temperaturen verändern zum einen die Aromen, führen zum anderen aber auch zum Karamellisieren des im Obst enthaltenen Zuckers. Das führt zu einem Röstgeschmack, welcher die Qualität des Trockengutes deutlich mindert. Man arbeitet daher meist mit Temperaturen zwischen 50–80 °C und viel Luftzirkulation. Die zirkulierende, warme Luft nimmt die Feuchtigkeit auf und transportiert diese ab. Beim Trocknen im Backrohr wird daher am besten mit Heißluft gearbeitet und die Ofentür einen Spalt geöffnet. Durch das Einlegen eines Kochlöffelstiels kann die Tür ein wenig offengehalten werden.

Ein weiterer Punkt beim Trocknen ist, dass durch den Kontakt mit der Luft Oxidationen (Braunfärbungen) gefördert werden. Auch dies wirkt sich nicht positiv auf die gewünschte hohe Qualität aus. Um dem entgegenzuwirken, wird das zu trocknende Obst mit Säure behandelt. Bei industriell erzeugtem Trockenobst ist dies meist schwefelige Säure. Im Haushalt verwendet man hierzu am einfachsten Fruchtsäfte mit hohen Säuregehalten, wie z.B. Zitronen- oder Limettensaft. Die Rezepte in diesem Buch berücksichtigen dies und führen auch die Möglichkeit der Verwendung von Zitronensäurelösungen an.

Das Lagern von getrockneten Produkten muss möglichst unter Luftabschluss erfolgen, da sonst die Feuchtigkeit der Luft den Wassergehalt wieder ansteigen lässt und in der Folge zu Schimmelbildung führt. Für die Lagerung getrockneter Produkte sind die weit verbreiteten Tupperboxen oder große Gläser mit dicht abschließenden Deckeln gut geeignet. Nicht geeignet sind Kunststoffbeutel, außer man hat die Möglichkeit der Vakuumverpackung.

GETROCKNETE BANANEN, SEITE 63

Fruchtgummis

Gummibärchen aus dem Saft oder Fruchtmark der eigenen Früchte ohne jegliche Zusatzstoffe ist für Naschkatzen eine einzigartige Köstlichkeit. Bei den Fruchtgummis macht man sich die Gelierfähigkeit des fruchteigenen Pektins und die Eigenschaften der Trocknung zu Nutze.

Eine Variante dieser Fruchtgummis ist schon sehr lange bekannt. Es ist der Quittenkäse, den unsere Großmütter schon herstellten. Dabei wurde aus Quittensaft ein Gelee mit gummiähnlicher Konsistenz erzeugt. Dieser Quittenkäse wurde dann in kleine Würfel geschnitten und in luftdichten Behältnissen gelagert. Luftdicht verschlossen können die selbst erzeugten Fruchtgummis für gut 4 Monate gelagert werden. Ideal wäre es, die Fruchtgummis für die Lagerung zu vakuumieren.

Bei den Fruchtgummis ist dem Ideenreichtum nahezu keine Grenze gesetzt. Fruchtmark aus Früchten mit wenig eigenem Pektin können entweder mit pektinhaltigen gemischt werden oder man gibt diesem Fruchtmark extra Pektin oder Gelatine zu. Pektin ist in Drogeriemärkten oder auch in manchen Reformhäusern erhältlich.

HERSTELLUNG DER FRUCHTGUMMIS MIT GELATINE

Zuerst werden die Fruchtstücke klein geschnitten und in einem Topf unter Zugabe von Zitronensaft weich gekocht. Nach gut 15 Minuten wird die weich gekochte Masse in ein Sieb gegeben und der abfließende Saft aufgefangen. Dieser Saft wird unter ständigem Rühren und der Zugabe von Kristallzucker langsam eingedickt. Dazu gibt man Kristallzucker im Verhältnis von 2 Teile Saft zu 1 Teil Kristallzucker dazu. Nun lässt man den dicken Saft etwas abkühlen.
In der Zwischenzeit wird Gelatine in etwas Wasser zum Quellen gebracht. Hier benötigt man rund 100 g Gelatine für 500 ml Saft. Nachdem der eingedickte Fruchtsaft auf ca. 70 °C abgekühlt ist, rührt man die Gelatine ein, gießt die Masse dann in Formen und lässt sie langsam auskühlen. Die Formen werden vorher mit Maisstärkepulver ausgestaubt, um ein Ankleben der Fruchtgummis zu verhindern. Anstatt Formen zu verwenden, kann man die Masse auch auf ein Butterpapier gießen und dort auskühlen lassen. Nachdem die Fruchtgummis gut ausgekühlt sind, stürzt man die Formen. Den Fruchtgummi auf dem Butterpapier lößt man vorsichtig ab und schneidet ihn dann mit einem scharfen Messen in kleine Würfel.
Die fertigen Fruchtgummis werden in einem gut verschließbaren Glas aufbewahrt. Um zu verhindern, dass die Gummis aneinanderkleben, kann man sie noch ein wenig in Maisstärke wälzen.

Obstwein und Traubenwein

Die Herstellung von Obstwein und Wein ist im Grunde nicht sehr schwierig. Selbst erzeugter Obstwein aus Äpfeln, Birnen oder diversem Steinobst wie Kirschen oder Pflaumen ist eine Köstlichkeit, die seinesgleichen sucht. Im Gegensatz zu dem im Handel erhältlichen Weinen kann im eigenen Haushalt auf die Verwendung von Schwefel gänzlich verzichtet werden. Der Schwefel hat die Aufgabe, den Wein vor Oxidationen zu schützen. Wird kein Schwefel zugesetzt, kann es sein, dass im Zuge der Lagerung der Wein oxidiert und sich eine Braunfärbung einstellt. Um dieser Oxidation entgegenzuwirken, sollte man die Flaschen möglichst vollfüllen und anschließend kühl und dunkel lagern. Bei selbst erzeugten Obstweinen empfiehlt es sich, diese möglichst bald aufzubrauchen und nicht bis zur nächsten Ernte zu bevorraten.

HERSTELLUNG VON OBSTWEIN UND WEIN

Der erste Schritt ist, dass man aus den Früchten einen kalt gepressten Fruchtsaft gewinnt. Diesen erzeugt man am einfachsten mit den entsprechenden Fruchtpressen in den verschiedensten Größen und Preisklassen. Der frisch gepresste Saft wird über Nacht stehen gelassen, so dass sich der enthaltene Trub absetzen kann. Am Folgetag wird der etwas geklärte Saft vom Trub abgezogen. Dazu nimmt man einen dünnen Schlauch und saugt den Saft über ein Gefälle an, bis dieser von selbst zu rinnen beginnt. Beim Ansaugen achtet man darauf, dass man keinen Trub mitsaugt.

Dem abgezogenen Saft gibt man nun etwas Weinhefe zu (auch Trockenhefe ist verwendbar) und startet damit die alkoholische Gärung. Das Gefäß wird mit einem Deckel leicht zugedeckt und für ca. 14 Tage bei rund 18 °C Raumtemperatur stehen gelassen. Nach diesen 2 Wochen ist die Gärung abgeschlossen und die Hefe zum Großteil auf den Boden des Behälters abgesunken. Der nun noch leicht trübe Wein wird wiederum abgezogen und in einem Gefäß für weitere 4–6 Wochen zum Klären ruhig stehen gelassen. Die Raumtemperatur sollte jetzt abgesenkt werden und bei ca. 13–14 °C liegen. Im Anschluss an diese ca. 4–6 Wochen hat sich der Wein nun zur Gänze geklärt. Jetzt wird er ein letztes Mal abgezogen und in Flaschen gefüllt. Im Zuge des Abfüllens muss darauf geachtet werden, dass nicht zu viel Luft in den Wein kommt, denn das würde die Oxidation fördern. Die Flaschen werden rasch verschlossen sowie kühl und dunkel gelagert. Das Verschließen erfolgt am besten mit Kronenkorken oder Schraubverschlüssen. Die Verwendung von Naturkorken ist für Kleinstwinzer nicht sinnvoll, da diese einerseits zu teuer sind und andererseits die gelieferte Qualität nicht leicht einzuschätzen ist.

Obstwein und Wein aus dem eigenen Garten schmeckt leicht gekühlt hervorragend. Aber auch in der kalten Zeit und hier vor allem vor Weihnachten ist ein Glühwein aus dem eigenen Keller etwas ganz Besonderes. Verfeinert mit etwas Zimt, Nelken und 1 Orange, übertrifft dieser Glühwein alles, was man bisher von den verschiedenen Märkten kennt.

Liköre und Ansätze

Der grundlegende Unterschied zwischen Ansatz und Likör ist der Zuckergehalt. Liköre haben mindestens 100 Gramm Zucker je Liter. Bei den Ansätzen liegt der Zuckergehalt deutlich unter 100 Gramm je Liter. Meist werden die Ansätze als Magenbitter verwendet – wie z.B. ein Zirbenansatz oder ein Ansatz mit grünen Walnüssen.

ANISLIKÖR, SEITE 49

Der verwendete Alkohol hat einen großen Einfluss auf den Geruch und Geschmack des Likörs oder Ansatzes. In den Rezepten dieses Buches wurde versucht, immer die Frucht, das Kraut oder das Gewürz als Rohstoff in den Vordergrund zu stellen. Aus diesem Grund verwenden wir oft 96%igen Weingeist oder sehr neutralen Wodka zur Herstellung. Spirituosen wie Rum, Cognac oder auch Brandy werden meist nur zur Abrundung verwendet. Bei manchen Rohstoffen kann die Verwendung solcher Spirituosen aber auch das Aroma der jeweiligen Frucht noch unterstreichen. In solchen Fällen habe ich in den Rezepten auf diese Spirituosen zurückgegriffen.

Keinesfalls sollte billiger Obstbrand verwendet werden. Sollte man auf Obstbrände zurückgreifen wollen, dann empfiehlt es sich, nur beste Qualitäten zu verwenden. Zahlreiche nationale und internationale Produktverkostungen begutachten die Qualität solcher Produkte.

MEIN TIPP *Fragen Sie beim Brenner immer nach derartigen Auszeichnungen und achten Sie im Handel auf entsprechende Angaben.*

ALKOHOLE

Beim Ansetzen von Früchten, Kräutern oder Gewürzen muss man wissen, dass das Verwenden von hochprozentigem Alkohol die frischen ätherischen Öle herauslöst. Damit werden die Auszüge frisch fruchtig und sehr typisch. Verwendet man niederprozentige Alkohole, so werden in erster Linie die bitteren Komponenten und Gerbstoffe herausgelöst. Dies führt dann zu bitteren, unharmonischen Auszügen. Der Nachteil hochprozentiger Auszüge ist, dass diese beim Herabsetzen mit Wasser meist milchig-weiße Trübungen bekommen. Diese Trübungen können mit feinen Kaffeefiltern oder durch längeres Stehenlassen abgeschieden werden. Qualitativ haben diese Trübungen keinerlei Einfluss auf die Produkte und können deshalb auch in den Produkten gelassen werden.

Tischbrenngeräte – Geisterzeugung

Das Herstellen von Alkohol unterliegt strengen gesetzlichen Regelungen. Die Brenngeräte müssen registriert und von den zuständigen Behörden überwacht werden. Lediglich bei Kleinstgeräten gibt es in manchen Staaten Ausnahmen von dieser Registrierungspflicht. So sind z.B. in Österreich Brenngeräte mit einer Füllmenge von unter 2 Litern ausgenommen. In Deutschland gibt es diese Ausnahme nicht und es müssen wirklich alle Brenngeräte registriert werden.

BROMBEERGEIST, SEITE 84

Die Rezepte in diesem Buch beziehen sich ausschließlich auf die Herstellung von Geisten. Dazu verwendet man versteuerte Alkohole wie Weingeist oder Spirituosen (Rum, Cognac u.ä.) und aromatisiert diese mit Früchten, Kräutern oder Gewürzen. Anschließend werden die Ansätze in kleinen Tischbrenngeräten destilliert. Bei der Destillation verdampft man die Alkohole und kondensiert diese anschließend wieder. Die Aromen aus den zugesetzten Früchten, Kräutern oder Gewürzen werden von den Alkoholen aufgenommen und im Destillat konzentriert. So erhält man feinste Geiste und ist sogar in der Lage, seinen eigenen Gin herzustellen. Das Erzeugen von Geisten unterliegt keiner Alkoholsteuer, da diese bei den verwendeten Alkoholen bereits beglichen wurde.

BRENNGERÄTE

Die Brenngeräte sind in diversen Onlineshops oder bei Brenngeräteerzeugern sowie bei vielen Kupferschmieden erhältlich. Betrieben werden diese kleinen Tischgeräte mit einer kleinen Gas- oder Petroleumflamme. Wichtig ist, dass das Erhitzen sehr langsam vonstattengeht, damit die Alkohole langsam aufsteigen, die Aromen mitnehmen und dann wieder kondensieren können. Wird zu schnell erhitzt, kann es passieren, dass es im Brenngerät zu schäumen beginnt und zum Überlaufen kommt. Die Flamme sollte auch nicht zu groß sein, da sonst die Früchte im Inneren anbrennen und die verbrannten Aromen den Geist in Geruch und Geschmack zerstören.

Gereinigt werden die kleinen Tischbrenngeräte am besten mit Zitronensaft und herkömmlichen Geschirrspülmitteln. Das Kupfer auf der Außenseite kann auch mit Kupferpoliermitteln poliert werden, um es vor zu starker Oxidation zu schützen.

Essig und Öl mit Kräutern und Früchten

In dieser Produktgruppe werden in diesem Buch Ansätze behandelt. Damit ist gemeint, dass in einem bereits vorhandenen Essig oder Öl, Gewürze, Kräuter oder Pflanzenteile eingelegt werden und so der Geschmack weitergegeben wird. Das Wichtigste ist auch hier, dass die Rohstoffe von höchster Güte sind. Nur aus qualitativ hochwertigen Rohstoffen, lassen sich letztlich auch feinste Köstlichkeiten erzeugen.

ESSIG

Zur Herstellung von Ansatzessigen eignet sich am besten feiner Weißweinessig oder ein nicht zu intensiver Apfelessig. Rotweinessig hat einen deutlichen Eigengeschmack, daher wird dieser meist nur zum Ansetzen von aromaintensiven Gewürzen oder Früchten verwendet. Man kann selbstverständlich Essig auch selbst herstellen, dies ist jedoch ein Prozess, der sich über mehrere Monate erstreckt.

HERSTELLUNG VON GÄRUNGSESSIG

Die Basis für die Herstellung von Gärungsessig sind Trauben oder Fruchtweine. Die Anleitung zu deren Herstellung ist im Kapitel *Obstwein und Traubenwein* (Seite 32) zu finden. Der fertige Wein wird dann in ein offenes Gefäß gegeben und mit einer Essigmutter versetzt. Die Essigmutter bekommt man am einfachsten von anderen Essigproduzenten oder im Fachhandel. Wichtig bei der Essigbereitung ist, dass viel Luft zum Produkt dazukommt, aber keine Insekten. Dazu wird z.B. ein großes Gurkenglas verwendet, das man zu 2 Drittel mit Wein füllt und oben mit einem feinen Baumwolltuch luftig verschließt. Dieses Glas stellt man anschließend an einen warmen, aber nicht zu sonnigen Ort und lässt es dort ca. 8–10 Monate stehen. In dieser Zeit entwickelt sich die Essigmutter zu einer dicken, gallertigen Schicht, welche meist an der Oberfläche schwimmt. Diese Essigmutter besteht aus unzählig vielen Essigbakterien, welche aus dem Alkohol des Fruchtweines Essigsäure herstellen. Nach rund 8–10 Monaten ist der Essig dann verzehrfertig. Man kann nun einen Teil dieses selbst erzeugten Essigs entnehmen und das Glas mit Wein wieder auffüllen. So kann die Essigmutter am Leben erhalten werden und nach weiteren 8–10 Monaten ist wieder ein köstlicher Essig fertig.

Der Unterschied zwischen Essig und einer Salatwürze ist, dass der Gärungsessig mindestens 5 % bzw. Weinessig 6 % Essigsäure haben muss und der Restalkoholgehalt darf höchstens 0,5 % vol betragen. Bei der Salatwürze gibt es diesbezüglich keine Regelungen und daher werden Essige, die nicht zur Gänze gereift sind, oft als Salatwürze auf den Markt gebracht.

ÖLE UND DEREN QUALITÄTEN

Bei den Ölen steht ein sehr breites Spektrum an Qualitäten zur Auswahl. Meist werden zum Ansetzen von Gewürzen oder Kräutern die sogenannten „kalt gepressten Olivenöle" verwendet. Das Wichtigste ist, dass das Öl nicht ranzig riecht oder schmeckt. Das Öl soll möglichst frisch sein. Öle werden kühl bzw. dunkel gelagert.
Olivenöl sollte vorher verkostet werden, denn es gibt hervorragende Qualitäten, die einen leicht grasig scharfen Geschmack haben. Dieser kann durch zugesetzte Gewürze oder Kräuter noch verstärkt werden. Natürlich können auch andere Pflanzenöle zum Ansetzen verwendet werden. Rapsöl, Sonnenblumenöl oder Ähnliches eignet sich auch sehr gut für Ansätze aller Art.

DAS ANSETZEN IN ESSIG UND ÖL

Die verwendeten Gewürze, Früchte oder Pflanzenteile müssen gänzlich unbehandelt sein. Auch Schädlinge wie Milben, Blattläuse oder Maden dürfen keine dabei sein. Selbstverständlich müssen die Pflanzenteile frei von Pilzkrankheiten oder Schimmel sein.
Keinesfalls darf man die Pflanzenteile oder Früchte waschen, da dadurch oft wichtige Aromen abgewaschen werden und dies die Qualitäten der Rohstoffe stark mindert. Am besten sammelt man die Rohstoffe frisch und bei schönem Wetter, um auch die besten Ausgangsprodukte zu bekommen.
Um den Verderb zu vermeiden, ist beim Ansetzen darauf zu achten, dass der Essig oder das Öl die Gewürze oder Kräuter vollständig bedeckt und keine Lufteinschlüsse vorhanden sind. Pflanzenteile mit Hohlräumen wie z.B. Chilischoten werden zu diesem Zweck aufgeschnitten. Der Ansatz wird ca. 4–8 Wochen an einem dunkeln, nicht zu kühlen und vor Sonnenlicht geschützten Ort ziehen gelassen. Die Auslaugung der Aromen wird etwas beschleunigt, indem man gelegentlich umrührt oder das Gefäß leicht schwenkt.
Nach den ca. 4–8 Wochen wird abgeseiht und der Essig bzw. das Öl in Flaschen gefüllt und diese dicht verschlossen.

Essiggemüse allgemein, Mixed Pickels in Öl, eingelegte Rohstoffe

Das Konservieren mit Essig und Öl ist eine sehr alte Methode. Schon vor Jahrhunderten wussten die Menschen, dass wenn Produkte in Essig oder Öl eingelegt werden, diese haltbar sind. Beim Essig ist es der hohe Säuregehalt, der für die Haltbarkeit sorgt. Beim Öl geht die Haltbarkeit vom luftdichten Abschluss aus. In beiden Fällen ist es wichtig, dass sehr sauber gearbeitet wird und die zu konservierenden Rohstoffe zur Gänze mit Essig oder Öl bedeckt werden.

EINGELEGTER KNOBLAUCH, SEITE 173

Beim Einlegen von Gemüse in Essig, kocht man das Gemüse erst durch, so dass es frei von Keimen ist. Das Gemüse dann herausfischen und in Gläser geben. Anschließend wird der kochend heiße Essigsud über das Gemüse gegossen und die Gefäße werden sofort dicht verschlossen. Das garantiert, dass das Vakuum, welches beim Auskühlen im Gefäß entsteht, den Deckel fest zuzieht.

Beim Einlegen in Öl wird das Gemüse entweder vorher gekocht oder gegrillt. Damit werden die Keime abgetötet – beim Einlegen muss man dann genau darauf achten, dass sich keine Lufteinschlüsse bilden. Diese Lufteinschlüsse können im Laufe der Lagerung zum Verderb führen.

Manchmal wird eine Kombination aus beiden Varianten angewandt. Da Öl leichter ist als Essig, kann man in Essig eingelegtes Gemüse oder Pilze mit einer Schicht Öl abdecken. So wird neben der Wirkung des Essigs zusätzlich noch der Luftabschluss gewährleistet und die eingekochten Produkte werden so über Monate haltbar gemacht.

Relish und Chutney

Diese Köstlichkeiten kommen meist aus der indischen Küche und sind Frucht- oder Gemüsezubereitungen, welche im Gegensatz zu Konfitüren, Gelees oder Marmeladen überwiegend süßsauer bis pikant zubereitet sind. Der Unterschied von Relish und Chutney liegt in der Form der verwendeten Rohstoffe. Im Relish ist das Obst oder Gemüse in kleinen Stücken vorhanden, beim Chutney hingegen handelt es sich um einen fein pürierten Brei.

Bei der Herstellung dieser köstlichen Würzsoßen und Fleischbeilagen wird das Obst und Gemüse so eingekocht, dass ein ausgewogenes Zucker-Säure-Spiel gepaart mit einer würzigen Schärfe das besondere Geschmacksergebnis bringt.

KOKOSNUSSCHUTNEY, SEITE 176

Wichtig bei der Herstellung ist, dass man die Zutaten gut garkocht und wirklich heiß abfüllt. Die Gläser müssen dann rasch verschlossen werden, sodass der Verderb der Produkte verhindert und die Haltbarkeit gewährleistet wird.

Einmal geöffnet, sollten Relishes und Chutneys rasch aufgebraucht werden. Eine Lagerung im Kühlschrank ist nach dem Öffnen empfehlenswert.

Pesto allgemein

Pesto ist ursprünglich eine italienische Würzpaste. Pesto kommt vom Wort „pestare", was „zerstampfen" bedeutet. In Italien wird das Pesto hauptsächlich zu Pasta gereicht, aber auch als Würze in Suppen und Saucen bzw. als Beilage zu Fleisch oder Fisch eignet sich Pesto perfekt. Das klassische Pesto ist das Pesto alla Genovese. Über die Jahre haben sich viele verschieden Varianten ergeben und jede italienische Hausfrau schwört auf ihre ganz spezielle Rezeptur. Die wohl bekannteste Variante neben dem Pesto alla Genovese ist das Pesto rosso, welches auf der Basis von getrockneten Tomaten zubereitet wird.

TIPPS FÜR DAS PERFEKTE PESTO

Wichtig ist, dass die Messer des Stabmixers sehr scharf sind, denn ansonsten erwärmt sich die Masse beim Zerkleinern, wodurch sich der frische Geschmack verändert. Das Zerkleinern und Verrühren kann auch nach der herkömmlichen Methode in einem Steinmörser gemacht werden. Der Vorteil eines schweren Steinmörsers ist, dass dieser die beim Zerreiben entstehende Temperatur sofort ableitet. Das Arbeiten mit dem Steinmörser ist die edelste und schonendste Art, ein Pesto zuzubereiten. Nach dem Zerkleinern wird das Pesto so in Gläser gefüllt, dass keine Luftblasen eingeschlossen sind. Luft würde den Verderb beschleunigen. So abgefüllt, hält das Pesto gut 1/2 Jahr. Will man das Pesto etwas länger aufbewahren, so könnte es durch Pasteurisieren haltbar gemacht werden.

BASILIKUMPESTO, SEITE 74

VERWENDUNG FÜR PESTO

Vorzügliche Pesto sind die ideale Basis für schnelle und leichte Pasta. Die Pasta al dente kochen und abseihen, kurz abtropfen lassen, aber nicht abschrecken. Verwendet wird meist kurze Pasta. Beim Kochen der Pasta kann man auch eine Kartoffel oder ein paar grüne Bohnen dem Kochwasser beigeben. Die Stärke der Kartoffel oder Bohnen legt sich an die Pasta und hilft dadurch, dass später das Pesto besser an der Pasta haftet. Auf keinen Fall sollte man dem Kochwasser Öl zugeben, da die Pasta dadurch zu glatt wird und das Pesto im Teller zurückbleibt.

Nach dem Kochen der Pasta das Pesto unterheben und mit 1 Schuss kalt gepresstem Olivenöl verfeinern. Das Pesto kann auch vor dem Anrichten mit ein wenig Sauerrahm, Aceto Balsamico di Modena oder 1 Schuss Essig abgeschmeckt werden. Angerichtet wird auf einem gut vorgewärmten Teller. Garniert mit ein wenig Basilikum oder ein paar Schnittlauchröhrchen, ist das eine schnelle Variante, um Gäste zu bewirten.

Weitere Verwendungsmöglichkeiten: Brotaufstrich, als Beilage zu Fleisch oder Fisch oder als Würze für einen Blattsalat.

TOMATENPESTO, SEITE 298

Die REZEPTE

ANANAS

ANANASKONFITÜRE

1 kg Ananas, geschält und fein gewürfelt
1 Zimtstange
Mark von 1 Vanilleschote
1 kg Gelierzucker 1:1

Die gewürfelten Ananas zum Kochen bringen und mit der Zimtstange für 10 Minuten leicht wallend kochen lassen. Der kochenden Masse wird das Mark der Vanille zugegeben, anschließend lässt man alles zusammen für weitere 3 Minuten kochen. || Jetzt den Gelierzucker 1:1 zusetzen und ca. 5 Minuten unter gutem Rühren weiterkochen. || Die heiße Masse wird dann in saubere Gläser gefüllt und rasch verschlossen. Zum Auskühlen die Gläser ruhig stehen lassen.

GETROCKNETE ANANAS – EXOTISCH

1 Ananas
1 l Wasser
Saft von 2 Zitronen
etwas Kokosraspel

Die Ananas schälen, den Strunk entfernen und in ca. 1,5 cm dicke Scheiben schneiden. Das Wasser mit dem Zitronensaft vermischen und die Scheiben darin für ca. 10 Minuten einlegen. || Anschließend die Scheiben herausnehmen, auf ein Backgitter legen und im noch nassen Zustand mit den Kokosraspeln dünn bestreuen. Das Backgitter ins Backrohr schieben und bei 50 °C Heißluft mit leicht geöffneter Tür für mehrere Stunden trocknen || Wenn die Scheiben wie dickes Leder zu biegen sind, ist die Trocknung abgeschlossen. Nun lässt man die trockenen Scheiben 2 Stunden auskühlen und legt sie dann in gut verschließbare Gläser.

☞ **TIPP** An einem kühlen, dunklen Ort und in den Gläsern gelagert, sind die getrockneten Ananasscheiben mehrere Monate haltbar. Als kleiner Snack für zwischendurch oder als Dekoration für Backwaren sind getrocknete Ananas etwas sehr Leckeres.

ANANASGEIST

500 g Ananas, geschält und grob gewürfelt
1/2 l Weingeist, 96%ig
700 ml Wasser
5–10 Pfefferminzblätter, grob gehackt

Alle Zutaten werden in ein kleines Tischbrenngerät gegeben und vorsichtig auf kleinster Flamme erhitzt. Nachdem ca. 700 ml Destillat aus der Brennerei gelaufen sind, wird der Brand beendet. || Das aufgefangene Destillat wird dann mit weichem Quellwasser im Verhältnis 1:1 verdünnt und kann so in kleine Flaschen abgefüllt oder frisch genossen werden.

ANANASKOMPOTT

200 g Kristallzucker
1 guter Schuss Jamaikarum
1,5 l Wasser
1 Zimtstange
4 Gewürznelken
1 Ananas

In einem Topf lässt man den Zucker karamellisieren und löscht, sobald dieser leicht braun geworden ist, mit 1 guten Schuss Jamaikarum ab. Jetzt das Wasser zugeben und das Ganze mit den Gewürzen für ca. 5 Minuten leicht wallend aufkochen. || Die Ananas wird geschält und in ca. 1 cm dicke Scheiben geschnitten. Diese Scheiben werden dann wiederum in ca. 3 cm große Stücke zerteilt. || Aus dem kochenden Zuckerwasser werden zuerst mit einem Schöpfer die Gewürze herausgefischt und dann die Fruchtstücke dem kochenden Wasser zugegeben. Die Fruchtstücke werden ca. 4 Minuten mitgekocht, bevor man das nun fertige Kompott in Gläser füllt und diese fest verschließt.

ANANASKOMPOTT

1

2

3

4

5

6

ANIS

ANISLIKÖR

200 g Anissamen
1 l Weingeist, 96%ig
320 g Kristallzucker
2 Sternanise
1 l frisches, weiches Wasser

Alle Zutaten mit Ausnahme des Wassers werden in einem großen Glas gut vermengt und an einem warmen, nicht zu hellen Ort für 4 Wochen ziehen gelassen. Durch öfteres Umrühren mit einem Kochlöffel kann man das Auslaugen der Samen verstärken. || Nach den 4 Wochen werden die Samen durch ein feines Tuch abgeseiht. || Nun die Samen in das Wasser geben, einen Tag ziehen lassen und anschließend die Samen wieder abseihen. Dem Wasser wird nun der Alkohol unter gutem Rühren langsam zugegeben. Die möglicherweise entstehende Trübung kommt durch den hohen Gehalt an Anisöl und ist durchaus üblich.

☞ **TIPP** Vor dem Genuss wird die Flasche gut geschüttelt, um das Öl unterzumischen. Serviert wird der Anislikör meist in einem Longdrinkglas mit einem Eiswürfel.

ANISGEIST

200 g Anissamen
1 l Weingeist, 96%ig
1 l Wasser
5 Sternanise
evtl. Minzblätter zum Dekorieren

Die Zutaten werden in ein kleines Tischbrenngerät gegeben und bei kleiner Flamme ganz langsam zum Kochen gebracht. Das aufgefangene Destillat wird anschließend unverdünnt in Flaschen gelagert. || Zum Genuss wird ein Teil dieses Destillates mit einem Teil Eiswasser verdünnt und in Longdrinkgläsern serviert.

☞ **TIPP** Zur Dekoration eignet sich ein Minzblatt oder ein Eiswürfel.

APFEL

APFEL-QUITTEN-CHUTNEY

80 g Kristallzucker
1 Schuss milder Brandy
2 Äpfel, fein gewürfelt
1 Quitte, fein gewürfelt
1 rote Zwiebel, fein geschnitten
1/2 TL Ingwer, gerieben
1/8 l Apfelessig
1/8 l Apfelsaft
Salz, etwas Curry
1 Prise Muskat

In einem Topf wird der Zucker etwas karamellisiert und mit dem Brandy abgelöscht. Jetzt werden die in kleine Würfel geschnittenen Früchte, die fein geschnittene Zwiebel und der Ingwer zugegeben. || Anschließend wird der Apfelessig und der Apfelsaft hinzugefügt und alles zusammen für ca. 5 Minuten leicht wallend gekocht. || Sobald die Früchte weich sind, schmeckt man mit den Gewürzen ab und füllt die Masse kochend heiß in Gläser ab. Die Gläser rasch verschließen und an einem kühlen Ort langsam auskühlen lassen.

☞ TIPP Dieses Chutney mit Früchten aus dem eigenen Garten stellt, zu Rind oder Ente gereicht, eine raffinierte Abwechslung im Speiseplan dar.

APFELGELEE MIT FRISCHER MINZE

1 l Apfelsaft, frisch gepresst
1 kg Gelierzucker (1:1)
1/8 l frische Minzblätter (möglichst kl. Blätter oder Spitzen)

Der Apfelsaft wird mit dem Gelierzucker zum Kochen gebracht und rund 5 Minuten leicht wallend gekocht. Die Saft-Zucker-Mischung wird noch heiß in Gläser gefüllt. || Anschließend werden die Minzblätter in die gefüllten Gläser gegeben und diese sofort verschlossen.

☞ TIPP Wenn man die Minzblätter mit einer Gabel etwas in den heißen Saft drückt und die Gläser dann nach dem Verschließen ohne Erschütterungen auskühlen lässt, bleiben die Blätter schön in der Mitte der Gläser.

MUTTIS APFELGELEE AUS GRÜNEN ÄPFELN

2 kg grüne, unreife Äpfel vom Juli
1 kg Gelierzucker (1:1)

Die Äpfel werden in Spalten geschnitten und mit etwas Wasser bei mäßiger Hitze gekocht, bis sie zu einem Brei zerfallen sind. Anschließend den Saft durch ein feines Sieb oder ein Tuch in eine Schüssel abrinnen lassen, ohne zu pressen. || Der gewonnene Saft (ca. 1 l) wird dann mit dem Gelierzucker noch einmal für ca. 5 Minuten aufgekocht und in Gläser abgefüllt, diese werden schnell verschlossen und zum Auskühlen aufgestellt.

☞ **TIPP** Dieses Gelee bekommt eine klare, zartrosa Farbe und schmeckt hervorragend zu Pasteten oder feinem Schinken.

APFELKOMPOTT MIT KAROTTEN

- 800 g Kristallzucker
- 4 l Wasser
- 2 Zimtstangen
- 5 Gewürznelken
- 1 Sternanis
- 1 Vanilleschote
- 1 kg Äpfel
- 3 Karotten
- Saft von 1 Zitrone

Die Hälfte des Zuckers wird in einem Topf leicht karamellisiert und dann mit dem Wasser abgelöscht. Jetzt werden die Gewürze dazugegeben und das Ganze für gut 10 Minuten leicht wallend gekocht. || Die Äpfel werden geschält, das Kernhaus herausgeschnitten und die Früchte dann in Spalten geschnitten. Im Idealfall werden die Äpfel geachtelt, so sind die Fruchtstücke von der Größe her am ansprechendsten und praktisch zu servieren. || Die Karotten werden geputzt, der Länge nach geviertelt und diese Streifen dann halbiert. Aus dem kochenden Zuckerwasser werden mit einem Schöpfer die Gewürze entfernt. || Dem kochenden Sud wird im Anschluss zuerst der Zitronensaft, dann die Apfel- und Karottenstücke zugegeben. Das Ganze lässt man gut 4 Minuten weiterkochen. Die Fruchtstücke sollten durchgekocht, aber nicht weich sein, da sie sonst im Glas zerfallen. || Das fertige Kompott wird kochend heiß in Gläser gefüllt. Die Gläser anschließend rasch verschließen und langsam auskühlen lassen.

APFELMUS

- kg Äpfel, geschält, entkernt und in Spalten geschnitten
- 200 g brauner Zucker
- 1 Zimtstange
- etwas Muskat
- etwas Zitronenschale, gerieben

Die Apfelspalten werden mit ein klein wenig Wasser zum Kochen gebracht, weich gekocht und anschließend mit einem Pürierstab zu einem feinen Brei zerkleinert. || Die breiige Masse wird nun mit den restlichen Zutaten für weitere 15 Minuten leicht wallend gekocht. Die noch heiße Masse in Schraubgläser füllen und diese rasch verschließen. Zum Auskühlen sollte man die Gläser an einem kühlen Ort ruhig stehen lassen.

APFELKRAUT

1 kg säuerliche Äpfel
1/4 l trockener Weißwein (eventuell Apfelwein bzw. Most)
ca. 750 g Kristallzucker
1/2 TL Zimt
etwas Nelken, gemahlen
1 Prise Muskatnuss, gemahlen

Die Äpfel werden gewaschen und samt Schale und Kernhaus in Viertel geschnitten. || Die Apfelstücke gemeinsam mit dem Weißwein zum Kochen bringen und so lange kochen, bis sie zerfallen. Diese Masse wird mit einem Kochlöffel durch ein Sieb gestrichen. || Das Mark wird nun mit dem Zucker und den angeführten Gewürzen abermals zum Kochen gebracht und auf kleiner Stufe für ca. 3–4 Stunden weitergeköchelt. || Das eingedickte Apfelkraut wird dann noch heiß in Gläser gefüllt, diese werden rasch verschlossen und zum Auskühlen ruhig stehen gelassen.

☞ **TIPP** In den Wintermonaten zu einem kräftigen Wildgericht oder Rindsbraten ist das Apfelkraut aus Großmutters Küche eine ausgezeichnete Beilage. Der säuerliche Apfel mit dem Zucker und den Gewürzen rundet das Gericht hervorragend ab.

ÄPFEL IN ROTWEINMARINADE

1 kg Äpfel, geschält und entkernt
1 Prise Zimt
1 Prise Muskat
Saft von 2 Orangen
1/2 l kräftiger Rotwein
Schale von 1 Orange
150 g Blütenhonig (am schmackhaftesten ist hier Alpenrosenhonig)
2 gestrichene EL Stärkemehl

Die Äpfel werden in Spalten geschnitten, 1 Prise Zimt und Muskat zugegeben und mit etwas Orangensaft beträufelt. || In einem Topf den Rotwein mit den Orangenschalen und dem Honig gut aufkochen. Das Stärkemehl wird im restlichen Orangensaft aufgelöst und dem kochenden Wein zugegeben. || Jetzt werden die Apfelspalten der kochenden Flüssigkeit zugegeben und für ca. 4 Minuten leicht wallend weitergekocht || Anschließend das Ganze kochend heiß in Gläser füllen und diese rasch verschließen. Die Gläser lässt man kühl und dunkel gelagert noch ca. 4 Wochen ziehen, bevor man die Rotweinäpfel zu feinen Nachspeisen serviert.

ÄPFEL IN ROTWEINMARINADE

ARONIA

Aronia hat ihren Ursprung im östlichen Nordamerika und ist schon lange für ihre Heilwirkung bekannt. Die Früchte enthalten wertvolle Flavonoide, Folsäure, Vitamin K und C. Die Beeren sind ungefähr so groß wie Heidelbeeren und können von Mitte August bis Oktober geerntet werden.

ARONIAESSIG

210 g Aroniabeeren
2 l guter, kräftiger Rotweinessig
2 EL Kastanien- oder Waldhonig

Die Aroniabeeren in einem großen Glas oder Topf mit einem Kochlöffel etwas quetschen. Über die gequetschten Beeren den Rotweinessig gießen und an einem kühlen, dunklen Ort für ca. 3 Wochen ziehen lassen. || Der Ansatz wird nach den 3 Wochen durch ein feines Tuch abgeseiht und anschließend der Honig gut eingerührt. || Bevor man den Essig in Flaschen abfüllt, wird er noch auf rund 60 °C erhitzt. Die Flaschen nach dem Füllen rasch verschließen und liegend auskühlen lassen.

☞ TIPP An einem kühlen, dunklen Ort gelagert, hält dieser Essig mehrere Jahre. Der fein herbe und doch fruchtige Geschmack dieses Essigs passt perfekt zu Rindfleischsalat oder zum Verfeinern einer sauren Haussülze.

ARONIAKONFITÜRE

1 kg Aroniabeeren
2 mittlere Äpfel
Saft von 1 Zitrone
1 kg Gelierzucker 1:1
1 Schuss milder Brandy oder Cognac

Die Aroniabeeren werden mit ein klein wenig Wasser in einem Topf erhitzt und gut weich gekocht. Anschließend werden die Beeren durch ein feines Sieb oder mit der Flotten Lotte passiert. || Die Äpfel schälen, entkernen und in kleine Stücke schneiden. Die passierten Aroniabeeren nun mit den Apfelstücken und dem Zitronensaft zum Kochen bringen und ca. 5 Minuten kochen. || Nun den Gelierzucker dazugegeben und alles zusammen weitere 5 Minuten kochen lassen. Kurz vor dem Abfüllen wird noch mit 1 kräftigem Schuss Brandy abgeschmeckt. || Die Gläser nach dem Füllen rasch verschließen und an einem kühlen Ort ruhig auskühlen lassen.

AVOCADO

AVOCADOCHUTNEY

2 mittelgroße Zwiebeln
1 Birne
500 g Avocado, entsteint und geschält
1 TL schwarze Pfefferkörner, gemörsert
etwas Salz
etwas Kristallzucker
1 Prise Muskat
1 Prise Koriander
etwas englischer Senf
1 Schuss Weißweinessig

Die Zwiebeln und die Birne werden geschält und kleinwürfelig geschnitten. Die geschälte und entsteinte Avocado wird ebenso in kleine Würfel geschnitten. || In einem Topf werden diese Zutaten nun mit ein klein wenig Wasser zum Kochen gebracht. Leicht wallend wird so lange gekocht, bis die Früchte weich sind und leicht zerfallen. Anschließend den Topf vom Herd nehmen und etwas auskühlen lassen. || Die ausgekühlte Masse wird dann mit einem Pürierstab zu einer feinen Paste püriert. Diese Paste wird in einem Topf wieder zum Kochen gebracht und mit den Gewürzen sowie einem Schuss Weißweinessig abgeschmeckt. || Um die Aromen der Gewürze gut zur Entfaltung zu bringen, lässt man die abgeschmeckte Masse noch etwa weitere 15 Minuten leicht wallend kochen, bevor man das Chutney in Gläser abfüllt und diese rasch verschließt.

☞ **TIPP** Das Chutney sollte nun noch etwa 4 Wochen kühl und dunkel gelagert werden, bevor man es zu Fleischgerichten genießt.

BANANE

GETROCKNETE BANANEN – PIKANT

1 l Wasser
Saft von 2 Zitronen
1 kg sehr reife Bananen, geschält
1 TL Chili, getrocknet und gemahlen (wahlweise auch Cayennepfeffer)

Das Wasser mit dem Zitronensaft vermischen. Die Bananen in ca. 1,5 cm dicke Scheiben schneiden, schnell in das vorbereitete Wasser einlegen und etwa 3 Minuten ziehen lassen. || Anschließend die Bananenscheiben auf ein Backgitter auflegen und nach Belieben mit den gemahlenen Chilis bestreuen. Je nachdem, wie scharf man die Bananenchips bevorzugt, wird mehr oder weniger Chilipulver verwendet. || Die gewürzten Bananenscheiben in das auf 50°C Heißluft vorgeheizte Backrohr schieben und trocknen lassen. Während dem Trocknen wird die Tür des Backrohrs nicht ganz geschlossen, damit die Feuchtigkeit entweichen kann. || Nach mehreren Stunden sind die Bananen dann trocken und knacken beim Brechen. Die trockenen Bananenchips lässt man gut auskühlen und legt sie dann in gut verschließbare Gläser oder Tupperboxen zur Aufbewahrung.

☞ **TIPP** Kühl und trocken gelagert, sind die Chips mehrere Monate haltbar. Zum Frühstücksmüsli einen Löffel dieser pikanten Fruchtchips beigefügt, macht den Start in den Tag besonders heiß!

BANANENLIKÖR

1,5 kg sehr reife Bananen, geschält
Saft von 1 Limette
1 l Weingeist, 96%ig
300 g Kristallzucker

Die Bananen werden geschält und in Scheiben geschnitten. Gleich nach dem Schneiden werden die Bananenscheiben mit dem Limettensaft beträufelt und in den Alkohol eingelegt. Der Ansatz wird nun für ca. 2 Wochen an einem dunklen, nicht zu kühlen Ort aufbewahrt. || Nach ca. 14 Tagen wird der Ansatz mit einem feinen Baumwoll- oder Leinentuch abgeseiht. || In das relativ klare Mazerat wird nun der Zucker eingerührt und mit frischem Wasser so weit verdünnt, bis der Likör harmonisch schmeckt. In der Regel werden zum Mazerat ca. 1,5 l Wasser gegeben, um einen Likör von rund 35 % vol zu erhalten.

BANANENGEIST

300 g sehr reife Bananen, geschält
2 TL Kokosraspel
600 ml Weingeist, 96%ig
1/2 l Wasser
evtl. etwas Honig oder 2 EL Glucosesirup zum Süßen

Die Bananen in dünne Scheiben schneiden und mit den Kokosraspeln gut verrühren. || Zusammen mit dem Weingeist und dem Wasser in einem Tischbrenngerät auf kleinster Flamme erhitzen und destillieren. Nachdem ca. 800 ml Destillat gewonnen wurde, wird der Brennvorgang beendet. || Das erhaltene Destillat wird anschließend mit frischem Wasser im Verhältnis 1:1 verdünnt und nach Belieben mit etwas Honig oder 2 EL Glucosesirup gesüßt.

☞ **TIPP** Bananengeist schmeckt am besten, wenn er in einem Whiskyglas mit einem Eiswürfel serviert wird. Auch für hausgemachte Cocktails eignet sich dieser Bananengeist hervorragend.

BANANENCHUTNEY

400 g Bananen, geschält
2 Äpfel
80 g Datteln
2 Zwiebeln
Saft von 2 Limetten
2 EL Dijonsenf
1 EL Ingwer, gerieben
1 Prise Cayennepfeffer
60 ml Brandy
300 g Gelierzucker 3:1
150 ml Apfelessig

Die Früchte sowie Zwiebeln werden klein geschnitten und gemeinsam mit dem Limettensaft und dem Essig in einem Topf zum Kochen gebracht. Die Masse lässt man für gut 45 Minuten leicht wallend kochen und rührt laufend um, damit sie nicht anbrennt. || Anschließend wird der Senf und Ingwer beigefügt. Zum Schluss mit dem Cayennepfeffer abschmecken und den Brandy beigeben. || Nun wird noch der Gelierzucker der Masse hinzugefügt und alles zusammen lässt man für weitere 5 Minuten leicht wallend weiterkochen. || Anschließend die Masse kochend heiß in Gläser abfüllen und diese rasch verschließen.

☞ **TIPP** Um die Aromen voll zur Geltung zu bringen, sollte das Chutney noch ca. 5 Wochen ziehen.

BANANENKONFITÜRE MIT HONIG

1 kg sehr reife Bananen, geschält
100 g Akazienhonig
Saft von 1 Limette
300 g Gelierzucker 3:1

Die geschälten Bananen werden in Scheiben geschnitten und mit ein klein wenig Wasser in einem Topf erhitzt. Während des Erhitzens gut rühren, damit die Bananen nicht anbrennen. || Man lässt die Bananen dann für ca. 10 Minuten leicht wallend kochen und rührt anschließend den Honig, den Limettensaft und den Gelierzucker ein. || Die Masse lässt man weitere 5 Minuten leicht wallend kochen und füllt sie anschließend in saubere Gläser ab. Die Gläser rasch verschließen und zum Auskühlen ruhig stehen lassen.

BANANENKONFITÜRE MIT VANILLE

3 Vanilleschoten
1 kg sehr reife Bananen, geschält
Saft von 1 gr. Zitrone
500 g Gelierzucker 2:1

Zuallererst werden die Vanilleschoten halbiert und das Mark mit einem Messer herausgekratzt. || Nun die Bananen in Scheiben schneiden und mit ein wenig Wasser, dem Zitronensaft und dem Mark der Vanilleschoten zum Kochen bringen. Nach ca. 15 Minuten leicht wallendem Kochen wird der Gelierzucker hinzugefügt und alles zusammen weitere 5 Minuten leicht wallend gekocht. || Die Masse wird nun in saubere Gläser abgefüllt. Die Gläser rasch verschließen und an einem kühlen Ort zum Auskühlen ruhig stehen gelassen.

☞ **TIPP** Diese Bananenkonfitüre kommt besonders gut zur Geltung, wenn man damit einen Schokoladekuchen bestreicht und diesen dann mit Schokolade überzieht.

BANANENKONFITÜRE MIT VANILLE

BÄRLAUCH-SCHAFSKÄSE-PESTO

100 g gut gereifter Parmesan oder Pecorino
0 g frische Bärlauchblätter
100 g Pinienkerne
etwas grobes Meersalz
ca. 1/8 l kalt gepresstes Olivenöl

Der Käse wird in kleine Stücke geschnitten. Anschließend werden alle Zutaten zusammen in einer Küchenmaschine unter Zugabe von kalt gepresstem Olivenöl zu einer feinen Paste zerkleinert.

BÄRLAUCHLIKÖR MIT HONIG

1/2 l Bärlauchblätter
1 l ausgezeichneter Obstler
200 g Waldhonig

Die Bärlauchblätter mit einem Wiegemesser grob hacken und mit dem Obstler in einem großen Glas übergießen. || Der Honig wird im Wasserbad leicht erwärmt, bis dieser dünnflüssig wird. Den flüssigen Honig rührt man nun mit einem Kochlöffel in den Bärlauchansatz ein. Der Ansatz rastet nun für gut 5–6 Wochen an einem nicht zu kühlen, aber dunklen Ort. Am Boden des Glases setzen sich mit der Zeit die Blätter und leichte Verunreinigungen aus dem Honig (Pollen und Wachs) ab.

BÄRLAUCHSCHNAPS

1/2 l Bärlauchblätter
1 l ausgezeichneter Obstler
2 EL brauner Kandiszucker

Die Bärlauchblätter werden mit einem Wiegemesser grob gehackt und mit dem Obstler in ein großes Glas gegeben. Zum Schluss wird der Kandiszucker beigefügt. || Dieser Ansatz soll nun gut 6 Wochen an einem nicht zu kühlen, aber dunklen Ort ziehen. Nach 6 Wochen wird der Ansatz abgeseiht und in Flaschen gefüllt.

☞ **TIPP** Bärlauchschnaps wird meist nach schwerem Essen gereicht, um die Verdauung anzuregen. Der kräftige Geschmack von Bärlauch erinnert sehr an Knoblauch.

BASILIKUM

KLASSISCHES PESTO: PESTO ALLA GENOVESE

100 g gut gereifter Parmesan oder Pecorino
100 g Knoblauch
100 g frische Basilikumblätter
100 g Pinienkerne
etwas Salz
ca. 1/8 l kalt gepresstes Olivenöl

Der Käse wird in kleine Stücke geschnitten und der Knoblauch geschält. Anschließend werden alle Zutaten zusammen in einer Küchenmaschine unter Zugabe von kalt gepresstem Olivenöl zu einer feinen Paste zerkleinert.

☞ Es ist der Klassiker unter den Pesto. Seit Jahrhunderten unverändert und immer noch hoch im Trend. Einfach in der Zubereitung und die Mutter vieler Varianten, die sich im Laufe der Zeit ergeben haben.

PESTO CON NOCCIOLA

100 g gut gereifter Parmesan oder Pecorino
100 g Knoblauch
100 g frische Basilikumblätter
20 g Pinienkerne
80 g Nüsse (Haselnüsse, Walnüsse, Mandeln, Paranüsse, Cashewnüsse, Erdnüsse oder ähnliche)
kalt gepresstes Olivenöl
etwas Salz

Der Käse wird in kleine Stücke geschnitten und der Knoblauch geschält. Anschließend werden alle Zutaten zusammen in einer Küchenmaschine unter Zugabe von kalt gepresstem Olivenöl zu einer feinen Paste zerkleinert.

☞ **TIPP** Nüsse haben vor allem im gerösteten Zustand ein sehr komplexes Aroma. Jedoch auch nicht geröstete Nüsse bringen aufgrund des hohen Fettgehaltes und der leichten Süße viel Raffinesse in das Pesto. Pesto mit Nüssen eignet sich besonders als Zugabe zu dunklem Fleisch oder als Würzsauce beim Barbecue.

BERBERITZENSIRUP

1 kg frische Berberitzen
Saft von 1 mittleren Zitrone
800 g Kristallzucker

Die Berberitzen werden mit einem Kochlöffel etwas zerquetscht und dann nach Zugabe des Zitronensaftes in einem Topf auf ca. 40 °C erhitzt. || Anschließend den zugedeckten Topf langsam auskühlen lassen. Nach gut 4 Stunden kann man den kühlen Fruchtbrei in ein feines Leinentuch geben und den Saft vorsichtig herausdrücken. So erhält man einen Fruchtsaft, der schonend hergestellt wurde und das volle Fruchtaroma besitzt. || Dieser Fruchtsaft wird nun auf ca. 80 °C erhitzt und der Zucker darin gut aufgelöst. Den noch heißen Sirup in saubere Flaschen abfüllen und diese rasch verschließen. Zum Auskühlen legt man die Flaschen um, sodass der Verschluss ebenfalls mit dem noch heißen Saft pasteurisiert wird.

BERBERITZENESSIG

500 g frisch gepflückte Berberitzen
1 l milder Weißweinessig
einige Koriandersamen

Die Berberitzen werden leicht angedrückt und mit dem Weißweinessig übergossen. Die Koriandersamen in einem Mörser ebenfalls leicht andrücken und dem Ansatz zugeben. || An einem kühlen, dunklen Ort lässt man den Essig für ca. 3–4 Wochen ziehen. Nach dem Ziehen filtriert man den Essig durch ein feines Baumwoll- oder Leinentuch ab. Den filtrierten Berberitzenessig erhitzt man vor dem Abfüllen noch kurz auf 60 °C, füllt ihn in saubere Flaschen ab und verschließt diese möglichst rasch. Zum Auskühlen an einem kühlen Ort stehen lassen.

☞ **TIPP** Dieser Berberitzenessig ist ein idealer Begleiter zu Rucola oder Radicchio, da die kräftig fruchtige Säure mit den Bitterstoffen der Salate ausgezeichnet harmoniert.

BIRNE

BIRNENNEKTAR

1 kg Birnen, geschält und entkernt
Saft von 2 Limetten
2 l Wasser
800 g Kristallzucker

Die geschälten und entkernten Birnen werden in kleine Stücke geschnitten und zusammen mit dem Limettensaft und dem Wasser gut weich gekocht. Anschließend den Topf vom Herd nehmen und etwas auskühlen lassen. || Nun mit einem Pürierstab die Fruchtstücke fein zerkleinern, bis eine homogene Flüssigkeit entstanden ist. Diese wird mit dem Zucker vermengt und auf ca. 85 °C erhitzt, bis der Zucker gut aufgelöst ist. || Der Nektar wird noch heiß in Flaschen gefüllt, welche rasch verschlossen werden. Anschließend lässt man den Nektar liegend auskühlen.

☞ **TIPP** Kühl und dunkel gelagert, hält sich dieser köstliche Birnennektar gut ein Jahr.

BIRNENKOMPOTT

1 kg Birnen, geschält und entkernt
Saft von 2 Limetten
2 l Wasser
200 g Kristallzucker
1 Vanilleschote
1 Sternanis
1 Prise Muskat
5 Minzblätter

Die geschälten und entkernten Birnen werden in Spalten geschnitten und mit dem Limettensaft beträufelt. || Das Wasser mit den Gewürzen, dem Zucker und den Minzblättern für ca. 5 Minuten leicht wallend kochen lassen. Nach rund 5 Minuten werden die Gewürze und Minzblätter herausgenommen und die Birnenspalten hineingegeben. Jetzt lässt man das Kompott nochmals weitere 5 Minuten leicht wallend kochen, bis die Birnenspalten leicht durchgegart sind. || Das fertige Kompott kochend heiß in Gläser füllen und diese rasch verschließen. Die Gläser an einem kühlen Ort langsam auskühlen lassen und anschließend kühl und dunkel lagern.

☞ **TIPP** Birnenkompott ist mehrere Monate lagerfähig und eine hervorragende Ergänzung zu diversen Süßspeisen.

BIRNENMUS

1,5 kg reife Birnen
Saft von 3 gr. Zitronen
2 Zimtstangen
5 Gewürznelken
etwas geriebene Zitronenschale
1 Prise Muskatnuss
300 g Kristallzucker

Die Birnen werden geschält, entkernt und in Würfel geschnitten. Diese Würfel werden mit etwas Wasser, dem Zitronensaft und den Gewürzen in einem Topf zum Kochen gebracht und weich gekocht. || Die weich gekochten Birnen werden mitsamt den Gewürzen mit der Flotten Lotte passiert. || Den nun entstandenen Fruchtbrei nochmals aufkochen lassen und den Zucker beifügen. Alles zusammen so lange umrühren, bis sich der Zucker zur Gänze gelöst hat. Anschließend das Mus noch heiß in gut verschließbare Gläser füllen und zum Auskühlen ruhig stehen lassen.

BRENNNESSEL

GETROCKNETE BRENNNESSELN FÜR TEE

1 l frische Brennnesselblätter

Die Brennnesselblätter werden auf ein Backgitter gelegt und in einem auf 40–50 °C Heißluft vorgeheizten Backrohr getrocknet. Dabei wird die Backrohrtür einen Spalt offen gelassen, damit die Feuchtigkeit entweichen kann. || Die Blätter sind trocken, wenn sie beim Zerreiben rascheln und in kleine Krümel zerfallen. || Nach dem Auskühlen werden die Blätter in luftdichte Gläser oder Vorratsboxen gelegt und dunkel gelagert.

TIPP Diese Blätter ergeben einen hervorragenden Tee, eignen sich aber bestens auch als Suppeneinlage.

BRENNNESSELPESTO

100 g gut gereifter Schafskäse
100 g Knoblauch
180 g frische Brennnesselblätter
100 g Pinienkerne (wahlweise auch Haselnüsse oder Mandeln)
ca. 1/8 l kalt gepresstes Olivenöl
etwas grobes Meersalz

Der Käse wird in kleine Stücke geschnitten und der Knoblauch geschält. Anschließend werden alle Zutaten in einer Küchenmaschine unter Zugabe von kalt gepresstem Olivenöl zu einer feinen Paste zerkleinert.

BROMBEERE

BROMBEERSIRUP

1 kg frische Brombeeren
Saft von 2 gr. Zitronen
1 kg Kristallzucker

Die Brombeeren werden in einem Topf gemeinsam mit dem Zitronensaft und ein klein wenig Wasser auf knapp 40 °C erwärmt. Anschließend den Topf vom Herd nehmen und das Gemisch zugedeckt für rund 4 Stunden auskühlen lassen. || Die weichen, abgekühlten Beeren werden nun in ein feines Tuch gegeben und ausgedrückt. Der so erhaltene Saft ist schonend erzeugt und enthält sehr viele Vitamine und Inhaltsstoffe der Beeren. || Nun wird der Saft mit dem Zucker in einem Topf auf rund 80 °C erwärmt und der Zucker gut aufgelöst. Nach etwa 5 Minuten gutem Rühren bei 80 °C wird der heiße Sirup in saubere Flaschen gefüllt, welche rasch und fest verschlossen werden. Die Flaschen liegend auskühlen lassen und an einem kühlen, dunklen Ort bis zum Verbrauch lagern.

☞ **TIPP** Dieser Brombeersirup ist für viele Monate haltbar und eine ausgezeichnete Abwechslung bei den Sirupen.

BROMBEERESSIG

500 g frische Brombeeren
1/2 TL Kümmelsamen
1/2 TL Senfkörner
1 l feiner Rotweinessig

Die Brombeeren werden leicht angedrückt und mit den Gewürzen in ein großes Glas gegeben. Anschließend den Rotweinessig darübergießen und diesen Ansatz für mehrere Wochen an einem kühlen, dunklen Ort ziehen lassen und von Zeit zu Zeit mit einem Kochlöffel umrühren. || Nach 3–4 Wochen wird der Ansatz durch ein feines Leinen- oder Baumwolltuch abgeseiht. Der erhaltene Fruchtessig wird vor dem Abfüllen noch auf rund 60 °C erwärmt. || Nach dem Abfüllen die Flaschen rasch verschließen und liegend auskühlen lassen.

☞ **TIPP** Dieser Fruchtessig ist über ein Jahr haltbar und eignet sich besonders für Blattsalate oder auch zum Abschmecken feiner Saucen.

BROMBEERLIKÖR

1 Zitrone
1 kg Brombeeren
1 l Wodka
300 ml milder Brandy
350 g Kristallzucker

Die Zitrone wird in Scheiben geschnitten und mit den Brombeeren im Wodka für gut 14 Tage angesetzt. Dieser Ansatz wird an einem nicht zu kühlen, aber dunklen Ort aufgestellt. || Nach ca. 2 Wochen werden die Beeren und Zitronenscheiben abgeseiht und leicht ausgedrückt. Jetzt gibt man den Brandy und den Zucker zu. Der fertige Likör wird in Flaschen gefüllt und an einem kühlen, dunklen Ort gelagert.

BROMBEERGEIST

300 g frische oder gefrorene Brombeeren
600 ml Weingeist, 96%ig
2 Zitronenscheiben
1/2 l Wasser

Die Brombeeren werden leicht gequetscht und über Nacht mit dem Alkohol und den Zitronenscheiben angesetzt. || Nach rund 8 Stunden kann der Ansatz in ein Tischbrenngerät gefüllt werden. Nun das Wasser beifügen und das kleine Brenngerät auf kleinster Flamme langsam erhitzen. Nachdem rund 750 ml Destillat aus der Anlage gewonnen wurden, wird der Brennvorgang beendet. Das erhaltene Destillat wird noch mit frischem, weichem Wasser im Verhältnis 1:1 verdünnt und in kleine Flaschen abgefüllt.

☞ **TIPP** Dieser Brombeergeist behält sein Aroma über mehrere Monate, wenn man ihn kühl und dunkel lagert.

BROMBEERKONFITÜRE

1 kg Brombeeren
Saft von 2 Limetten
1 kg Gelierzucker 1:1
2 EL Blue Curacao
(wahlweise auch Cointreau oder Grand Marnier)

Die Brombeeren werden mit dem Limettensaft für ca. 10 Minuten leicht wallend gekocht. Anschließend den Gelierzucker und den Blue Curacao zugeben und für weitere 5 Minuten leicht wallend kochen. || Anschließend die heiße Konfitüre in saubere Gläser abfüllen und diese rasch und gut verschließen. Zum Auskühlen die Gläser ruhig stehen lassen und anschließend kühl und dunkel lagern.

PIKANTE DATTELKONFITÜRE

500 g frische Datteln
TL schwarze Pfefferkörner, zerstoßen
100 g Gelierzucker 3:1
1 Msp. Vanillezucker
1 Schuss Jamaikarum

Die Datteln werden mit ein klein wenig Wasser weich gekocht. Anschließend die weichen Datteln durch ein feines Sieb streichen und so das Fruchtfleisch von den Kernen und Schalen trennen. Das erhaltene Fruchtfleisch wird nun mit Pfeffer, Gelierzucker und Vanillezucker für ca. 5 Minuten leicht wallend gekocht. || Vor dem Abfüllen die Konfitüre mit einem guten Schuss des feinen Jamaikarums abschmecken. Anschließend kochend heiß in Gläser abfüllen, diese rasch verschließen und ruhig auskühlen lassen.

☞ **TIPP** Pikante Dattelkonfitüre eignet sich hervorragend zum Abrunden von Käseplatten mit kräftigem Schimmelkäse.

DATTELCHUTNEY

500 g Datteln
1 rote Zwiebel, fein geschnitten
1 Schuss Essig
1 TL grüner Pfeffer
etwas Muskat und Curry
200 g Gelierzucker 3:1

Die Datteln werden mit ein wenig Wasser weich gekocht und dann durch ein feines Sieb gestrichen, um das reine Fruchtfleisch zu erhalten. || Das Fruchtfleisch lässt man mit der fein geschnittenen Zwiebel, dem Essig und den Gewürzen für gut 10 Minuten leicht wallend kochen. Anschließend lässt man die Masse etwas auskühlen. Mit einem Pürierstab wird die Masse nun zu einem feinen, homogenen Brei püriert. || Dieser Brei wird zusammen mit dem Gelierzucker in einem Topf erhitzt und für weitere 5 Minuten leicht wallend gekocht. Heiß in Gläser abgefüllt, welche rasch verschlossen wurden, ist dieses Chutney für mehrere Monate haltbar.

☞ **TIPP** Gegrilltes Hühnerfleisch oder Schweinemedaillons bekommen mit diesem Dattelchutney den ganz besonderen Pfiff.

EDELKASTANIE

EDELKASTANIENCRÈME

500 g Edelkastanien, gekocht
400 g Kristallzucker
Mark von 1 Vanilleschote
1/4 l Wasser

Die Edelkastanien werden fein gemahlen und mit dem Zucker sowie dem Vanillemark gut vermischt. || Mit dem Wasser wird alles zusammen in einem Topf langsam erhitzt und auf niedriger Stufe für gut 15 Minuten leicht wallend gekocht. || Anschließend die Crème in Gläser füllen, diese rasch verschließen und zum Auskühlen ruhig stehen lassen.

☞ TIPP Edelkastaniencrème passt zu vielen Speisen. Man kann damit z.B. Joghurt verfeinern oder einem Wildgericht einen besonderen Geschmack verleihen. Als Variation könnte man die Vanilleschote gegen eine Tonka- oder Kaffeebohne austauschen.

EINGELEGTE EDELKASTANIEN

1,5 kg Kastanien
400 ml Wasser
500 g Kristallzucker
etwas Vanillemark oder Zimt

Die Kastanien werden geröstet und sauber von der Schale befreit. || Das Wasser wird in einem Topf erhitzt und der Zucker darin gelöst. Dem kochenden Zuckerwasser fügt man nun etwas Vanillemark oder Zimtpulver bei und lässt alles für ca. 4 Minuten kochen. Nun werden die Kastanien beigefügt und für gut 6 Minuten mitgekocht. || Anschließend werden die Kastanien mit einer Schöpfkelle herausgefischt und in Gläser geschichtet. Der Sud wird noch einmal zum Kochen gebracht und dann siedend hieß in die Gläser gefüllt, bis die Kastanien gut bedeckt sind || Die Gläser rasch verschließen und langsam auskühlen lassen.

☞ TIPP Diese Kastanien sind für viele Monate haltbar und können zu feinen Wildgerichten oder Rindsrouladen gereicht werden. Auch als Nachspeisen sind diese süß eingelegten Kastanien eine hervorragende aromatische Bereicherung.

ERDBEERE

ERDBEERSIRUP

1 kg frische Erdbeeren
Saft von 2 Limetten
7 Pfefferminzblätter
600 g Kristallzucker

Die Erdbeeren werden klein geschnitten, mit dem Limettensaft und den Pfefferminzblättern in einem Topf auf ca. 80 °C erwärmt und für ca. 5 Minuten auf dieser Temperatur gehalten. || Den heißen Fruchtbrei lässt man anschließend durch ein feines Tuch abtropfen. Der aufgefangene Saft wird nun mit etwas Wasser auf 1/2 l aufgefüllt und dann zusammen mit dem Zucker auf ca. 85 °C erhitzt. Sobald sich der Zucker gelöst hat, füllt man den heißen Sirup in Flaschen und verschließt diese rasch. || Die Flaschen werden zum Auskühlen umgelegt und anschließend kühl und dunkel gelagert. Erdbeersirup ist für ca. 3 Monate haltbar und verliert danach rasch seine rote Farbe.

☞ **TIPP** Erdbeersirup auf Vanilleeis oder -pudding sind Klassiker der Dessertküche. Verdünnt mit Sodawasser im Verhältnis 1:7 ergibt dieser Sirup ein fruchtiges Erfrischungsgetränk.

ERDBEERGEIST

500 g frische, vollreife Erdbeeren
1/2 l Weingeist, 96%ig
1 Vanilleschote
1/2 l Wasser

Die Erdbeeren werden in kleine Stücke geschnitten und für rund 12 Stunden im Alkohol angesetzt. || Anschließend wird die Vanilleschote der Länge nach geteilt und dem Ansatz beigefügt. Nach einem weiteren halben Tag kann der Ansatz mit dem Wasser in ein Tischbrenngerät gefüllt und auf kleinster Flamme destilliert werden. Nach dem man rund 800 ml Destillat erhalten hat, wird die Destillation beendet. || Das Destillat wird mit gut derselben Menge frischem Wasser verdünnt und in Flaschen abgefüllt.

☞ **TIPP** Erdbeergeist ist rund ein halbes Jahr lagerfähig und schmeckt als Longdrink mit frisch gepresstem Orangensaft hervorragend.

ERDBEERGELEE MIT ROSENBLÜTEN

1 kg frische Erdbeeren
1/4 l frische Rosenblüten
Saft von 1 Zitrone
Mark von 1 Vanilleschote
1 kg Gelierzucker 1:1

Die Erdbeeren werden gemeinsam mit den Rosenblüten, dem Zitronensaft und dem Vanillemark in einer Küchenmaschine zu einem Mus fein zerkleinert. || Das Mus wird nun erhitzt und der Gelierzucker eingerührt. Das Ganze dann nach Anleitung des Gelierzuckers aufkochen, dann heiß in Gläser füllen, schnell verschließen und zum Auskühlen stehen lassen.

TIPP Dieses mit Rosenblüten verfeinerte Gelee ist eine herzhafte Abwechslung am Frühstückstisch. Es sollte allerdings in kleinen Gläser bevorratet werden, der intensiv florale Geschmack kann sonst schnell als unangenehm empfunden werden.

ERDBEERKONFITÜRE MIT LIMETTE UND KORIANDER

1 kg Erdbeeren
Saft v. 4 Limetten
1 EL Koriandersamen, gemörsert
1 kg Gelierzucker 1:1

Die Erdbeeren in kleine Stücke schneiden, den Limettensaft und die gemörserten Koriandersamen dazugeben. Alles zusammen für gut 7 Minuten auf kleiner Flamme leicht köcheln. || Jetzt den Gelierzucker beigeben und die Masse für weitere 5 Minuten leicht wallend kochen lassen. Anschließend die Konfitüre kochend heiß in saubere Gläser füllen und diese rasch verschließen. Die Gläser ruhig stehen lassen, bis die Konfitüre ausgekühlt ist, damit sie gut gelieren kann.

☞ **TIPP** Diese Konfitüre ist eine hervorragende Begleitung zu würzig-salzigem Käse, passt aber auch gut zu Blauschimmelkäse.

ERDBEERKONFITÜRE MIT GRÜNEM PFEFFER

1 kg Erdbeeren
Saft v. 1 Zitrone
ein klein wenig Zitronenschale, gerieben
2 EL grüne Pfefferkörner, im Ganzen
1 kg Gelierzucker 1:1

Die Erdbeeren in dünne Scheiben schneiden und mit dem Zitronensaft, der Zitronenschale und den ganzen Pfefferkörnern in einem Topf langsam zum Kochen bringen. Nach gut 10 Minuten leicht wallendem Kochen den Gelierzucker einrühren und die Masse weitere fünf Minuten leicht wallend kochen lassen. || Anschließend die Konfitüre in saubere Gläser abfüllen und diese schnellstens verschließen. Zum Auskühlen lässt man die Gläser ruhig stehen. Wichtig ist, dass während des Abfüllens die Konfitüre immer gut aufgerührt wird, so dass die Pfefferkörner in allen Gläsern gleichmäßig verteilt sind.

☞ **TIPP** Diese pikante Erdbeerkonfitüre ist nicht nur für ein würziges Frühstücksbrot, sondern auch für die Begleitung von fein-würzigen Käsesorten bestens geeignet.

ERDBEERKONFITÜRE MIT MINZBLÄTTERN

1 kg frische Erdbeeren
1 kg Gelierzucker 1:1
Saft von 1 mittleren Zitrone
1/4 l frische Minzblätter

Die Erdbeeren werden in kleine Stücke geschnitten, und mit dem Gelierzucker und dem Zitronensaft zum Kochen gebracht. Die genauen Kochzeiten richten sich immer nach dem verwendeten Gelierzucker und können der Verpackung entnommen werden. || Die frischen Minzblätter werden mit dem Messer fein gehackt und der kochenden Masse kurz vor dem Abfüllen beigefügt. || Die Erdbeerkonfitüre noch heiß in Gläser abfüllen, diese sofort fest verschließen und zum Auskühlen ruhig stehen lassen.

☞ TIPP Erdbeeren sind sehr süße Früchte, daher ist die Minze ein perfekter Begleiter, der etwas Frische in die klassische Erdbeerkonfitüre bringt. Für den Sommer ist diese Konfitüre eine erfrischende Abwechslung. Ihre Biskuitrouladen werden mit dieser Erdbeerkonfitüre unvergesslich bleiben und verzaubern den Gaumen Ihrer Gäste.

FEIGE

FEIGENKONFITÜRE

1 kg frische Feigen
1 Prise Zimt
1 Prise Muskat
Saft von 2 gr. Zitronen oder 3 Limetten
1 kg Gelierzucker 1:1

Die frischen Feigen werden geschält und in kleine Stücke geschnitten. || Gemeinsam mit der Prise Zimt und Muskat sowie dem Zitronen- oder Limettensaft werden die Feigenstücke in einem Topf langsam erhitzt und für ca. 7 Minuten leicht wallend gekocht. Damit die Feigen nicht anbrennen, kann man vor dem Erhitzen einen kleinen Schluck Wasser beifügen. || Anschließend den Gelierzucker unterrühren und alles zusammen weitere 5 Minuten leicht wallend kochen lassen. || Die Masse heiß in Gläser füllen, diese rasch gut verschließen und zum Auskühlen ruhig stehen lassen.

FEIGENCHUTNEY

1 rote Zwiebel
500 g Feigen, getrocknet
etwas Limettenschale, geraspelt
1 kräftiger Schuss Rotweinessig
1/2 TL grüne Pfefferkörner
etwas Salz
etwas Cayennepfeffer
ein paar Koriandersamen
200 g Gelierzucker 3:1

Die Zwiebel werden geschält und fein würfelig geschnitten. Die Trockenfeigen ebenfalls klein schneiden und zusammen mit den Zwiebeln, der Limettenschale und dem Rotweinessig unter ständigem Rühren weich kochen, bis die Masse gut zerfallen ist. || Die Gewürze werden in einem Mörser grob zerstoßen und der kochenden Masse beigefügt. Den Gelierzucker zugeben und alles zusammen für weitere 5 Minuten leicht wallend kochen lassen. || Das Chutney heiß in Gläser abfüllen, diese rasch verschließen und zum Auskühlen ruhig stehen lassen.

☞ **TIPP** Bevor man das Chutney genießt, sollte es rund 6 Wochen ziehen, um die gesamte Aromenvielfalt zur Geltung zu bringen. Feigenchutney findet in der modernen Küche verschiedenste Anwendungsmöglichkeiten – es schmeckt klassisch zu Blauschimmelkäse wie Roquefort oder Gorgonzola, passt aber auch ausgezeichnet zu Gänseleberpastete.

FEIGENSENF AUS TROCKENFEIGEN

500 g Feigen, getrocknet
1 Chilischote
Saft von 1 Limette
etwas Wasser
1 EL Senfkörner
2 EL Dijonsenf
etwas weißer Pfeffer
500 g Gelierzucker 1:1

Feigen und Chilischote werden in kleine Würfel geschnitten. Zusammen mit dem Limettensaft werden diese nun für ca. 15 Minuten leicht wallend gekocht. Etwas Wasser zugeben, so dass die Masse breiig wird. || In einem Mörser die Senfkörner etwas zerdrücken und dann der kochenden Masse beimengen. Jetzt auch den Dijonsenf einrühren und mit dem Pfeffer abschmecken. || Nun wird der kochenden Masse der Gelierzucker beigefügt, gut eingerührt und für weitere 5 Minuten leicht wallend mitgekocht. || Den Feigensenf heiß in Gläser abfüllen und diese rasch verschließen.

☞ TIPP Selbst gemachter Feigensenf ist ein ganz persönliches Geschenk für Genießer.

FELSENBIRNE

FELSENBIRNENKONFITÜRE

2 reife Äpfel
1 kg frisch gepflückte Felsenbirnen
Saft von 1 Orange
600 g Gelierzucker 2:1

Die Äpfel werden geschält, entkernt und in kleine Stücke geschnitten. || In einem Topf werden die Apfelstücke mit den Felsenbirnen und dem Orangensaft erhitzt und gut 10 Minuten leicht wallend gekocht. Anschließend den Gelierzucker beifügen und bei gutem Rühren weitere 6 Minuten weiterkochen. || Die Masse kochend heiß in Gläser abfüllen und diese rasch und gut verschließen. Zum Auskühlen lässt man die Gläser an einem kühlen Ort ruhig stehen, bis die Konfitüre fest geworden ist.

FELSENBIRNENSIRUP

1 kg Felsenbirnen
600 g Kristallzucker
Saft von 1 Limette

Die Felsenbirnen in einem Topf auf 35–40 °C erwärmen und diese Temperatur für ca. 15 Minuten halten. Anschließend den Topf vom Herd nehmen und zugedeckt langsam auskühlen lassen. || Nach rund 6 Stunden wird die nun flüssige Masse durch ein feines Sieb oder Tuch gedrückt. So erhält man schonend gepressten, frischen Felsenbirnensaft. || Dieser Saft wird jetzt mit dem Zucker und dem Limettensaft in einem Topf abermals erhitzt. Mit einem Thermometer wird die Temperatur gemessen und kontrolliert, dass die 85 °C nicht überschritten werden. Nachdem der Zucker sich aufgelöst hat (das dauert bei gutem Rühren rund 10 Minuten), wird der heiße Sirup in saubere Flaschen gefüllt, welche rasch und fest verschlossen werden. Zum Auskühlen werden die Flaschen umgelegt.

☞ **TIPP** Dieser Sirup ist kühl und dunkel gelagert gut ein Jahr haltbar und sorgt im Alltag für eine schmackhafte Abwechslung bei den Getränken.

FELSENBIRNENLIKÖR

1 kg frische Felsenbirnen
700 ml Weingeist, 96%ig
1/4 l milder Brandy
250 g Blütenhonig
1 Msp. Vanillezucker

Die Felsenbirnen mit einem Kochlöffel etwas quetschen und mit dem Weingeist und Brandy in einem Glas für ca. 10 Tage ansetzen. Den Ansatz an einem warmen, aber dunklen Ort stehen lassen. Bei Zeiten sollte man den Ansatz mit einem Kochlöffel aufrühren, um die Auslaugung zu verstärken. || Nach rund 10 Tagen wird der Ansatz durch ein feines Baumwoll- oder Leinentuch abgeseiht. Diesen Ansatz nun in einem Topf auf rund 30 °C erwärmen und den Honig sowie den Vanillezucker beimengen und beides gut auflösen. || Zum Schluss wird das Ganze mit frischem Wasser im Verhältnis von 1 Teil Mazerat zu 2 Teilen frischem Wasser verdünnt und in Flaschen abgefüllt.

☞ TIPP Als Honig eignet sich am besten Akazienhonig, da dieser eine milde Süße mitbringt und das Aroma der Felsenbirnen zusätzlich unterstreicht.

FELSENBIRNENCHUTNEY

500 g Felsenbirnen
1 Schuss Rotweinessig
1 Zwiebel
1 Apfel, geschält und entkernt
ein paar Rosmarinnadeln
1 Prise Zimt
schwarzer Pfeffer
etwas grobes Meersalz
Saft von 1 Zitrone
200 g Gelierzucker 3:1

Die Felsenbirnen werden mit 1 Schuss Essig in einem Topf gut weich gekocht. Anschließend werden die weichen Früchte durch ein feines Sieb gestrichen. || Zwiebel und Apfel kleinwürfelig schneiden. Die Rosmarinnadeln werden mit einem Messer fein geschnitten und zusammen mit den Gewürzen in einem Mörser etwas zerrieben. || Der durch das Sieb gestrichene feine Fruchtbrei wird mit den Gewürzen und dem Zitronensaft für ca. 10 Minuten leicht wallend gekocht. Anschließend den Gelierzucker beifügen und weitere 5 Minuten leicht wallend kochen. || Anschließend das Chutney heiß in Gläser füllen und diese rasch verschließen. Die Gläser zum Auskühlen ruhig stehen lassen und dann für ca. 6 Wochen kühl und dunkel lagern. In dieser Zeit entfalten sich die Aromen der Gewürze und das Chutney entwickelt seine besonderen Finessen.

GRAPEFRUIT

GRAPEFRUITMARMELADE

1 kg Grapefruits
800 g Gelierzucker 1:1
1/2 Zimtstange
1 Sternanis

Von den Grapefruits etwas Schale grob raspeln und beiseitelegen. || Die Grapefruits werden dann geschält und die Spalten in ca. 3 cm große Stücke geschnitten. Diese Fruchtstücke werden mit der 1/2 Zimtstange und dem Sternanis für gut 15 Minuten leicht wallend gekocht. Während des Kochens wird auch die geraspelte Schale beigefügt. Anschließend werden die Zimtstange und der Sternanis wieder herausgefischt. Nun den Zucker dazugeben und nochmals für ca. 5 Minuten leicht wallend kochen lassen. || Die heiße Masse rasch in saubere Gläser abfüllen und diese rasch verschließen. Zum Auskühlen werden die Gläser an einem kühlen Ort ruhig stehen gelassen.

☞ **TIPP** Die Marmelade aus Zitrusfrüchten ist besonders in England beliebt und dort von keinem Frühstückstisch wegzudenken. Die Grapefruit wird durch den etwas herben Geschmack sehr geschätzt.

GRAPEFRUITSIRUP

3 kg gr. Grapefruits
1,5 kg Kristallzucker

Die Grapefruits auspressen und den Saft durch ein feines Sieb seihen. || Den Saft auf ca. 85 °C erhitzt und anschließend den Zucker gut einrühren, bis dieser zur Gänze aufgelöst ist. || Den noch heißen Saft rasch in Flaschen füllen, diese gut verschließen und liegend auskühlen lassen.

☞ **TIPP** Grapefruitsirup ist besonders im Sommer eine echte Delikatesse. Das leicht herb-säuerliche Aroma wirkt sehr erfrischend.

GRAPEFRUITSAFT

3 kg gr. Grapefruits

Die Grapefruits werden ausgepresst und der Saft durch ein feines Sieb geseiht. || Der so gewonnene, frische Grapefruitsaft wird in einem Topf auf 85 °C erhitzt und heiß in Flaschen abgefüllt. Die Flaschen rasch verschließen und liegend auskühlen lassen.

☞ **TIPP** Grapefruitsaft kann so hergestellt über ein Jahr aufbewahrt und für verschiedenste Speisen verwendet werden.

GRAPEFRUITGEIST

500 g Grapefruits
600 ml Weingeist, 96%ig
1 kräftiger Schuss milder Jamaikarum
1/2 l Wasser
evtl. etwas brauner Zucker zum Süßen

Die Grapefruits werden in Scheiben geschnitten und mit dem Weingeist sowie dem Jamaikarum und dem Wasser in einem Tischbrenngerät auf kleinster Flamme erhitzt. Nachdem rund 800 ml Destillat gewonnen wurden, wird der Brennvorgang beendet. || Das Destillat wird jetzt mit frischem Wasser im Verhältnis 1:1 verdünnt und je nach Belieben mit etwas braunem Zucker gesüßt.

☞ **TIPP** Grapefruitgeist ist eine Gaumenfreude, wenn dieser im Sommer auf Eis serviert wird. Auch in verschiedensten Cocktails oder Bowlen macht sich dieser aromatische Geist sehr gut.

GURKE

SENFGURKEN

1,5 kg Gurken
750 ml Weißweinessig
1/4 l Wasser
1 Lorbeerblatt
2 EL Senfkörner
1 TL Pfefferkörner
etwas Dill
etwas Kren
etwas Salz
400 g Zwiebel, geviertelt

Die Gurken werden je nach Dicke der Schale geschält oder ungeschält in ca. 3 cm dicke Scheiben geschnitten. || Der Essig wird mit Wasser, den Gewürzen und dem Kren aufgekocht und mit Salz abgeschmeckt. In den kochenden Sud werden dann die Gurken und Zwiebeln gegeben und ca. 5 Minuten gekocht. || Die Gurken werden anschließend kochend heiß in Gläser gefüllt und diese mit dem Sud aufgefüllt, sofort verschlossen und zum Auskühlen stehen gelassen. Die ausgekühlten Gläser werden an einem dunklen und kühlen Ort für ca. 4 Wochen stehen gelassen, damit die Gurken im Sud gut ziehen können.

SALZGURKEN

2 kg Gurken
3 l Wasser
1 Bund Dill
200 g Salz
1/8 l Essig
3 EL Kristallzucker
Gewürze (Senfkörner, Wacholderbeeren, Kümmelsamen, Pfefferkörner)
2 Lorbeerblätter
Weinblätter

Die Gurken werden der Länge nach halbiert und über Nacht in Wasser eingelegt. Dadurch werden die Bitterstoffe aus den Gurken gezogen. || Nach gut 12 Stunden werden die Gurken aus dem Wasser genommen und gut abgewaschen. || In einem Topf das Wasser mit dem Salz, Essig, Zucker und den Gewürzen erhitzen. Diesen Sud lässt man gut 10 Minuten kochen, bevor die Gurken dazugegeben werden. Die Gurken in diesem Sud ca. 8 Minuten mitkochen lassen und anschließend wieder herausholen. Dazu wird der Topf vom Herd genommen, die Gurken werden in Gläser geschichtet und mit Weinblättern abgedeckt. || Nun wird der Sud im Topf noch einmal aufgekocht und siedend heiß über die Gurken gegossen, sodass diese gut bedeckt sind. Die Gläser rasch verschließen und langsam auskühlen lassen.

☞ **TIPP** Bevor man diese selbst gemachten Salzgurken genießen kann, sollten sie noch gut 8 Wochen ziehen.

HONIGGURKEN

- 2 kg Gurken
- 2 Zwiebeln
- 2 Stangen Lauch
- 1/2 l Apfelessig
- 300 ml Wasser
- 150 g Blütenhonig
- 3 EL Salz
- 6 Sternanise
- 1 EL Wacholderbeeren
- 2 EL Senfkörner

Die Gurken werden in mundgerechte Stücke geschnitten. Je nachdem, welche Gurken zur Verfügung sind, sollte man sie schälen und entkernen. Die Zwiebeln und der Lauch werden ebenfalls in mundgerechte Stücke geschnitten. || In einem Topf lässt man den Essig mit ca. 300 ml Wasser und den Gewürzen kräftig wallend aufkochen. Nun gibt man die Gemüsestücke zu und kocht diese, bis sie bissfest sind. || Nach ca. 4 Minuten die Honig-Gurken kochend heiß in Gläser füllen und diese rasch verschließen. Die Gurken sollten in den Gläsern vom Sud gut bedeckt sein.

ESSIGGURKEN NACH MUTTIS ART

- 1 kg Gurken
- 1 rote Zwiebel
- 2 Lauchstangen
- 2 Karotten
- 1 Lorbeerblatt
- 1 TL schwarze Pfefferkörner
- 1 TL Senfkörner
- 1 TL Pimentkörner
- etwas Kümmelsamen
- etwas Fenchelsamen
- etwas Salz
- 2 Knoblauchzehen
- 1/2 l Weißweinessig
- 20 g Kristallzucker

Der Essig wird mit ca. 1/2 l Wasser und allen Gewürzen zum Kochen gebracht und leicht wallend für ca. 10 Minuten gekocht. Die Gurken, Zwiebel, Lauchstangen und Karotten werden geputzt und in mundgerechte Stücke geschnitten. Diese Gemüsestücke werden in den Kochenden Sud gegeben und ca. 4 Minuten mitgekocht, bis diese gar, aber noch bissfest sind. Kochend heiß wird nun alles in Gläser gefüllt und mit dem Sud gut bedeckt. Die Gläser rasch verschließen und langsam auskühlen lassen. Bevor man diese hausgemachte Köstlichkeit genießt sollte man es noch für ca. 5 Wochen an einem kühlen und lichtgeschützten Ort ziehen lassen.

ESSIGGURKEN NACH MUTTIS ART

GURKENRELISH

500 g Gurken
300 g Zwiebeln
1 TL Pfefferkörner
etwas Korianderkörner
ein klein wenig Dill
5 Wacholderbeeren
2 Knoblauchzehen
Salz
1 kräftiger Schuss Weißweinessig (wahlweise auch Apfelessig)
200 g Gelierzucker 1:3

Die Gurken werden gewaschen und, falls die Schale hart ist, geschält. Bei Salatgurken mit weicher Schale kann man diese auch mitverwenden. Die Zwiebeln werden geschält und klein geschnitten. Die Gewürze und Kräuter werden in einem Mörser leicht angedrückt bzw. etwas zerrieben. || In einem Topf werden jetzt die Zwiebeln mit dem in dünne Scheiben geschnittenen, Knoblauch und etwas Öl goldgelb angeschwitzt. Nun wird mit dem Essig abgelöscht. Anschließend gibt man die Gurken und gemörserten Gewürze dazu und lässt alles zusammen auf kleiner Flamme leicht köcheln. Das Relish soll nun leicht wallend weiterköcheln, bis das Wasser aus den Gurken verdunstet und die Masse dick geworden ist. || Zum Schluss gibt man den Gelierzucker zu und kocht weitere 5 Minuten, bis der Gelierzucker zur Gänze aufgelöst ist. || Anschließend die Masse in Gläser abfüllen, diese rasch verschließen und zum Auskühlen ruhig stehen lassen.

GURKEN MIT ZITRONE UND ROTEM PFEFFER

2 kg Gurken
150 g Salz
400 ml Weißweinessig
400 Ml Wasser
1 EL rote Pfefferkörner
100 g Kristallzucker
3 Stängel Dill
1 Zitrone, in Scheiben geschnitten

Die Gurken werden in mundgerechte Stücke geschnitten und mit dem Salz vermengt. So lässt man die Gurken über Nacht ziehen. Nach gut 12 Stunden die Gurken mit Wasser spülen und gut abtropfen lassen. || Den Essig mit ca. 400 ml Wasser, den Gewürzen und dem Zucker zum Kochen bringen und gut 4 Minuten leicht wallend kochen lassen. Nun die Gurken, den abgezupften Dill sowie die in Scheiben geschnittenen Zitronen dem kochenden Wasser beifügen und weitere 4 Minuten leicht wallend kochen lassen. || Zum Schluss alles kochend heiß in Gläser füllen und diese rasch verschließen.

☞ **TIPP** Bevor man diese extravagante Köstlichkeit genießt, sollte sie kühl und dunkel gelagert noch für ca. 5 Wochen ziehen, um die Aromen besser zur Geltung zu bringen.

HAGEBUTTE

HAGEBUTTENKONFITÜRE

500 g Hagebutten
200 g Äpfel, geschält und entkernt
500 Gelierzucker 1:1
1 kl. Schuss Himbeergeist

Die Hagebutten werden in einem Topf mit ein wenig Wasser weich gekocht und anschließend mit der Flotten Lotte passiert oder durch ein feines Sieb gestrichen, damit die Kerne und Schalen entfernt werden. || Die Äpfel werden kleinwürfelig geschnitten und zusammen mit dem Hagebuttenpüree leicht wallend gekocht, bis die Apfelstücke gar sind. Jetzt den Gelierzucker dazugeben und weitere 5 Minuten leicht wallend kochen lassen, um den Gelierzucker zur Gänze aufzulösen. Zum Schluss mit einem Schuss Himbeergeist abschmecken. || Die Konfitüre wird nun kochend heiß in Gläser abgefüllt und zum Auskühlen ruhig stehen gelassen.

HAGEBUTTENCHUTNEY

500 g Hagebutten, geputzt, entkernt und klein geschnitten
2 rote Zwiebeln, klein geschnitten
100 g Datteln, klein geschnitten
1/8 l Apfelsaft
1/8 l Rotweinessig
1 EL Ingwer, gerieben
1 Prise Zimt
1/2 TL Senfkörner
1/2 TL Nelken
1/2 TL Koriander
300 g Gelierzucker 3:1

In einem Topf werden die klein geschnittenen Hagebutten mit den klein geschnittenen Zwiebeln und Datteln erhitzt. Um das Anbrennen zu verhindern, wird gleich der Apfelsaft und Essig dazugegeben. Die Früchte für gut 60 Minuten leicht wallend kochen lassen und laufend umrühren, um ein Anbrennen zu verhindern. || Nach ca. 1 Stunde wird mit den Gewürzen abgeschmeckt, dazu werden diese zuerst in einem Mörser gemeinsam zerrieben. || Zum Schluss fügt man den Gelierzucker bei und lässt alles weitere 5 Minuten leicht wallend kochen. || Das Chutney nun kochend heiß in Gläser füllen, diese rasch verschließen und kühl und dunkel lagern.

☞ **TIPP** Vor dem Genuss sollte das Chutney gut 4 Wochen ziehen, damit sich die Aromen zur Gänze entfalten können.

HASELNUSS

HASELNUSSHONIG

1 kg Haselnüsse, kräftig geröstet
500 g Waldhonig (wahlweise auch Alpenrosenhonig)

Die Haselnüsse werden von allfälligen Schalenresten befreit und in ein Glas gegeben. || Der Honig wird im Wasserbad auf ca. 30 °C erwärmt, sodass dieser schön dünnflüssig wird. Der warme Honig wird nun über die Nüsse gegossen. Dabei ist darauf zu achten, dass keinerlei Lufteinschlüsse im Honig verbleiben, da es an diesen Stellen zu Schimmelbildung kommen könnte. || Die Nüsse im Honig sind über Monate haltbar und verleihen dem Honig ein besonders würziges Aroma. Verwendet werden diese Nüsse entweder als Dekoration im Eisbecher oder als Zugabe zu verschiedensten Müsli oder Obstsalaten.

☞ **TIPP** Hat man keine gerösteten Haselnüsse zur Hand oder möchte man bei den vorhandenen Nüssen mehr Röstaroma, so kann man die Nüsse sehr einfach selbst nachrösten. Dazu werden die Nüsse auf einem Backblech in das auf ca. 180 °C Heißluft vorgeheizte Backrohr geschoben. Je nach gewünschter Röststärke bleiben die Nüsse dann gut 10 Minuten oder länger im Rohr. Das Backblech sollte des Öfteren etwas geschüttelt werden, um die Nüsse zu wenden und so eine gleichmäßige Röstung zu erhalten. Bevor man die Nüsse mit dem Honig dann übergießt, sollten diese gut auskühlen.

HASELNUSSCRÈME

500 g Haselnüsse, geröstet
400 g Kristallzucker
3 EL dunkle Schokolade, gerieben
1/4 l Wasser

Die Haselnüsse werden fein gerieben und mit dem Zucker sowie der geriebenen Schokolade gut vermengt. || Zusammen mit dem Wasser kocht man die Haselnuss-Schoko-Mischung nun für ca. 15 Minuten auf kleiner Flamme etwas ein. Nach gut 15 Minuten wird die Crème nun kochend heiß in Gläser gefüllt, welche rasch verschlossen werden.

HEIDELBEERSIRUP

1 kg frische Heidelbeeren
700 g Kristallzucker

Die Heidelbeeren in einem Topf auf ca. 40 °C erhitzen und mit einem Kochlöffel gut umrühren. Anschließend die Beeren ca. 4 Stunden zugedeckt auskühlen lassen. Im Anschluss gibt man die Masse dann in ein feines Tuch und presst den Saft vorsichtig durch. So erhält man aus 1 kg Heidelbeeren rund 600 ml frischen Saft. || Den Saft nun mit Wasser auf 700 ml auffüllen und den Zucker dazugeben. In einem Topf erhitzt man jetzt die Flüssigkeit auf ca. 85 °C und löst den Zucker gut auf. Anschließend den Sirup noch heiß in Flaschen abfüllen, diese gut verschließen und liegend auskühlen lassen.

☞ TIPP Heidelbeersirup ist eine feine, aromatische Abwechslung bei den Verdünnungssäften im Winter. Dieser Sirup ist kühl und dunkel gelagert gut 1 Jahr haltbar.

HEIDELBEERLIKÖR

800 g frische Heidelbeeren
1/2 l Weingeist, 96%ig
200 ml im Holzfass gereifter Grappa (wahlweise auch Brandy)
280 g Kristallzucker

Die Heidelbeeren werden mit einem Kochlöffel leicht gequetscht und in die Alkohole eingelegt. Der Ansatz wird für ca. 3 Wochen an einem nicht zu kühlen, aber dunklen Ort ziehen gelassen und des Öfteren umgerührt. || Nach dem Ziehen wird der Ansatz durch ein feines Tuch abgeseiht. Zu der filtrierten, alkoholischen Flüssigkeit gibt man nun dieselbe Menge frisches Wasser (ca. 700 ml) und löst darin den Zucker auf. || Jetzt lässt man den Ansatz noch ein paar Tage stehen, bis sich der Trub abgesetzt hat, und füllt dann den geklärten Ansatz in Flaschen. Dicht verschlossen und dunkel gelagert hält dieser Likör gut ein Jahr.

☞ TIPP Heidelbeerlikör ist etwas Köstliches auf Pudding oder Vanilleeis. Ein Schuss dieses Likörs in einem Glas Prosecco schmeckt herrlich vor einem Essen.

HEIDELBEERKOMPOTT

2 l Wasser
200 g Kristallzucker
1 Zimtstange
5 Gewürznelken
1 Prise Vanillezucker
1 kg Heidelbeeren

Das Wasser wird zum Kochen gebracht und der Zucker darin gut aufgelöst. Zusammen mit den Gewürzen wird das Zuckerwasser gut 5 Minuten leicht wallend gekocht. Dann werden die Zimtstange und Gewürznelken herausgefischt. || In das Zuckerwasser gibt man nun die Heidelbeeren und lässt diese für 5 Minuten leicht wallend kochen, bevor man das Kompott in Gläser abfüllt und diese rasch verschließt. Kühl und dunkel gelagert, ist dieses köstliche Heidelbeerkompott über mehrere Monate haltbar.

GETROCKNETE HEIDELBEEREN

frische Heidelbeeren

Die Heidelbeeren werden auf einem Backblech aufgebreitet. Damit die Beeren beim Trocknen nicht ankleben, wird das Backblech vorher mit einem Backpapier belegt. || Nun werden die Heidelbeeren im auf 60 °C Heißluft vorgewärmten Backrohr mehrere Stunden getrocknet. Während dem Trocknen lässt man das Backrohr etwas offen, damit die feuchte Luft entweichen kann. || Nach dem Trocknen lässt man die Beeren auskühlen und füllt sie anschließend in luftdicht verschließbare Behältnisse. Gelagert werden die Beeren kühl und dunkel, so bleiben sie mehrere Monate haltbar.

☞ **TIPP** Die Beeren schmecken hervorragend im Frühstücksmüsli und sind auch als Dekoration beim Eisbecher beliebt.

HIMBEERGEIST

…00 g frische oder gefrorene Himbeeren
700 ml Weingeist, 96%ig
1/2 l Wasser
1 Msp. Vanillezucker

Die Himbeeren werden mit dem Weingeist und dem Wasser im Tischbrenngerät auf kleinster Flamme erhitzt. Nachdem rund 1 l Destillat aufgefangen wurde, ist der Brennvorgang abgeschlossen. || Das fertige Destillat wird zum Schluss mit frischem Wasser im Verhältnis 1:1 verdünnt. Jetzt wird noch die Messerspitze Vanillezucker eingerührt und der Himbeergeist abschließend in Flaschen abgefüllt.

☞ **TIPP** Dieser Himbeergeist ist hervorragend als Aperitif geeignet und eine wahre Gaumenfreude für Genießer.

HIMBEERLIKÖR

1 kg frische Himbeeren
1 Vanilleschote
1/2 l Weingeist, 96%ig
200 g Kristallzucker (wahlweise auch Blütenhonig)
1 Schuss Himbeergeist

Die Himbeeren werden mit der in der Mitte aufgeschnittenen Vanilleschote im Alkohol für gut 2 Wochen angesetzt. || Nach 2 Wochen werden die Beeren und die Vanilleschote abgeseiht und in einem feinen Tuch ausgedrückt. Zu der erhaltenen Flüssigkeit wird nun dieselbe Menge frisches Wasser sowie der Zucker beigefügt und dieser gut aufgelöst. || Anschließend lässt man den Ansatz noch ein paar Tage absetzen, füllt dann die geklärte Flüssigkeit in Flaschen ab und lagert diese kühl und dunkel.

☞ **TIPP** Himbeerlikör schmeckt hervorragend mit ein paar Eiswürfeln oder auf Vanilleeis.

HIMBEERSIRUP

1 kg Himbeeren
Saft von 2 Zitronen
1 kg Kristallzucker

Die Himbeeren mit dem Zitronensaft und einem kleinen Schluck Wasser in einem Topf auf ca. 40 °C erhitzen und gut umrühren. Diese Masse lässt man dann für ca. 4 Stunden zugedeckt rasten. || Anschließend mit der Flotten Lotte das Fruchtfleisch von den Kernen und Beerenhäuten trennen. Das so entstandene Himbeermark wird anschließend durch ein feines Tuch gepresst, sodass man einen reinen Saft erhält. || Dieser Saft wird jetzt in einem Topf mit dem Zucker auf ca. 85 °C erhitzt und so lange gerührt, bis sich der Zucker gut auflöst. Im noch heißen Zustand füllt man den Sirup in saubere Flaschen, verschließt diese rasch und legt sie zum Auskühlen um.

HIMBEERGELEE À LA GRAND MARNIER

1 l Himbeersaft, frisch gepresst
1 kg Gelierzucker 1:1
1/8 l Grand Marnier

Der Himbeersaft wird zum Kochen gebracht, dann der Gelierzucker eingerührt. Die Masse wird nun für rund 5 Minuten leicht wallend gekocht. || Kurz vor dem Abfüllen wird der Grand Marnier beigefügt und gut eingerührt. || Das Gelee heiß in saubere Gläser füllen und diese rasch verschließen. Zum Auskühlen werden die Gläser dann ruhig stehen gelassen.

HIMBEERESSIG

500 g Himbeeren
1 Zitronenscheibe
1 l guter Weißweinessig

Die Himbeeren werden mit der Zitronenscheibe in ein großes Glas gegeben und mit dem Essig übergossen. Den Ansatz lässt man verschlossen an einen kühlen, dunklen Ort ziehen. || Nach ca. 4 Wochen werden die Himbeeren und die Zitronenscheibe abgeseiht und der Himbeeressig durch ein feines Tuch filtriert. Zuletzt füllt man den fertigen Essig in gut verschließbare Flaschen ab und lagert diese möglichst kühl und dunkel.

HOLUNDERBEERE

SCHWARZ UND ROT

HOLUNDERMUS

1 kg Holunderbeeren
250 g Kristallzucker
2 TL Maisstärke
1/4 l Wasser

Die Beeren werden mit etwas Wasser und dem Zucker kurz gedünstet. || Die Maisstärke wird mit dem Wasser gut verrührt und in die gedünsteten Beeren eingekocht. || Das Beerenmus wird dann in kleine Gläser gefüllt, welche rasch verschlossen und zum Auskühlen ruhig stehen gelassen werden.

HOLUNDERBEERENSIRUP

1 kg frische Holunderbeeren
Saft von 2 Zitronen
700 g Kristallzucker

Die Holunderbeeren werden mit dem Zitronensaft in einem Topf auf ca. 40 °C erwärmt und mit einem Kochlöffel etwas gequetscht. Zugedeckt lässt man den Topf dann für ca. 4 Stunden auskühlen. || Nachdem die Beeren vollständig ausgekühlt sind, drückt man durch ein feines Tuch den Saft heraus. Dieser Saft wird nun mit Wasser auf 700 ml aufgefüllt und in einem Topf auf ca. 85 °C erwärmt. Jetzt rührt man noch den Zucker ein und löst diesen gut auf. || Nach etwa 5 Minuten den heiß gehaltenen Saft in Flaschen füllen und diese rasch und gut verschließen. Zum Auskühlen legt man die Flaschen flach und lagert sie dann kühl und dunkel.

☞ **TIPP** Holunderbeerensirup ist vor allem im Winter ein sehr gutes Getränk. Aufgegossen mit heißem Wasser stärkt er die Abwehrkräfte und hilft auch bei Husten.

HOLUNDERBEERENESSIG

200 g frische Holunderbeeren
1 l guter, kräftiger Rotweinessig

Die Holunderbeeren mit einem Kochlöffel leicht andrücken und mit dem Rotweinessig übergießen. Den Ansatz dann für 4 Tage an einem kühlen, dunklen Ort ziehen lassen. || Bevor man den hervorragenden Essig dann in Flaschen abfüllt, wird er noch durch ein feines Tuch filtriert und auf ca. 60 °C erhitzt.

☞ TIPP Holunderbeerenessig ist hervorragend geeignet, um verschiedene dunkle Salate oder auch Rindfleischsalat abzuschmecken. Meist wird er nur in kleinen Mengen als Würze zur herkömmlichen Salatmarinade beigefügt.

HOLUNDERBEERENGEIST

500 g frische Holunderbeeren
600 ml Weingeist, 96%ig
2 EL Holunderblüten, getrocknet
etwas Zitronenschale, geraspelt

Die Zutaten über Nacht im Alkohol ansetzen und ziehen lassen. Nach rund 8 Stunden füllt man den Ansatz in ein Tischbrenngerät und erhitzt dieses auf kleinster Flamme. || Nachdem rund 800 ml Destillat gewonnen wurde, beendet man den Destilliervorgang. Das erhaltene Destillat wird nun mit frischem, weichem Wasser im Verhältnis 1:1 verdünnt.

☞ TIPP Dieser aromatische Hollerbeerengeist ist mehrere Monate haltbar. Gelagert wird der Geist in dicht verschlossenen Flaschen, möglichst kühl und dunkel.

HOLUNDERBEERENLIKÖR VON TANTE HILDE

2 kg schwarze Holunderbeeren
1 l Wasser
1,5 kg Kristallzucker
2 Vanilleschoten
3 l milden Brandy (wahlweise auch Cognac oder Weinbrand)

Die Holunderbeeren mit dem Wasser für 15 Minuten aufkochen und dann den Saft abseihen. || Dieser Saft wird mit dem Zucker und den Vanilleschoten 20 Minuten leicht wallend gekocht. Anschließend lässt man alles auskühlen und holt die Vanilleschoten wieder heraus. || Zum ausgekühlten Saft-Zucker-Gemisch gibt man nun den Alkohol dazu. Anschließend den Likör in Flaschen abfüllen, welche fest verschlossen werden.

HOLUNDERBLÜTENESSIG

1/2 l Holunderblüten
2 l Weißweinessig
(wahlweise auch Apfelessig oder Rotweinessig)
1–2 EL Blütenhonig

Die frisch geernteten Holunderblüten werden in den Weißweinessig eingelegt. Die Holunderblüten keinesfalls waschen, lediglich die dicksten, grünen Stiele abschneiden. Diesen Ansatz lässt man dann kühl und dunkel für ca. 7 Tage stehen. || Im Anschluss werden die Blüten durch ein feines Tuch geseiht, um die Blüten und den Blütenstaub möglichst zur Gänze herauszubekommen. || In den Essig werden jetzt noch nach Geschmack 1–2 Esslöffel Blütenhonig eingerührt, um den Geschmack etwas abzurunden. Am besten würde sich hierzu reiner Akazienhonig eignen, da dieser das Aroma des Holunders perfekt unterstreicht. || Nachdem sich der Honig zur Gänze aufgelöst hat, erwärmt man den Essig auf 60 °C, füllt ihn in Flaschen und verschließt diese möglichst rasch. Die Flaschen liegend auskühlen lassen.

☞ TIPP Holunderblütenessig ist ausgezeichnet dazu geeignet, etwas Frische in verschiedenste Salate zu bringen. Helle Blattsalate oder frischer Gurkensalat mit ein wenig Holunderblütenessig ist ein wahres Gedicht.

HOLUNDERBLÜTENMILCH

1/2 l Milch
1/4 l frische Holunderblüten
Mark von 1/2 Vanilleschote

Die Milch wird auf rund 50 °C erhitzt und die Holunderblüten sowie das Vanillemark zugegeben. || Nachdem alles zusammen 1/2 Stunde gezogen hat, werden die Blüten abgeseiht und die Milch im Kühlschrank kalt gestellt.

☞ TIPP Diese Milch ist eine hervorragende Erfrischung und eine geniale Abwechslung für einen heißen Sommertag.

APFELESSIG MIT HONIG

2 l Apfelessig
2–4 EL Blütenhonig (am besten reiner Akazienhonig)

Der Apfelessig wird auf ca. 30 °C erwärmt und dann der Honig langsam eingerührt. || Nachdem sich der Honig zur Gänze aufgelöst hat, erwärmt man die Flüssigkeit auf 55 °C, füllt sie in Flaschen und verschließt diese möglichst rasch. Die Flaschen liegend auskühlen lassen.

HONIGLIKÖR BÄRENFANG

200 ml Wasser
500 g Blütenhonig
1 l Kornschnaps oder milder Brandy (Weinbrand)
1 Vanilleschote
1/2 Zimtstange
3 Gewürznelken

Das Wasser in einem Topf leicht erwärmen, dabei sollte die Temperatur nie 35 °C übersteigen, und den Honig darin gut auflösen. || Dieses Honigwasser dann in einer Zweiliterflasche mit dem Alkohol vorsichtig vermischen. Jetzt gibt man die Gewürze dazu und lässt den Ansatz für gut 2 Wochen an einem nicht zu kühlen, aber lichtgeschützten Ort ziehen. || Im Anschluss wird der Ansatz durch ein feines Tuch oder besser durch einen Kaffeefilter filtriert. Der Honiglikör rinnt sehr langsam durch den Filter, da er ziemlich dickflüssig ist.

☞ **TIPP** Trübungen im Honiglikör sind kein Qualitätsmangel, sondern vielmehr ein Zeichen dafür, dass noch viele wertvolle Inhaltsstoffe des Honigs vorhanden sind.

MET / HONIGWEIN

2,5 l Wasser
1 kg Honig
1 Zimtstange
1 Sternanis
1 Prise Muskat
1 Msp. Weinhefe (oder Trockengerm)

Das Wasser wird auf ca. 40 °C erwärmt und dann der Honig darin aufgelöst. In das Honigwasser gibt man nun die Gewürze und rührt die Hefe gut ein. Den Ansatz stellt man dann zugedeckt an einem nicht zu kühlen Ort zum Gären auf. || Nach ca. 1 Tag kann man die Gärung schon erkennen. Es kommt zu einer leichten Blasenbildung in der Flüssigkeit. Nach rund 14 Tagen filtriert man den Met durch ein feines Tuch, um die Gewürze herauszubekommen. || Der Met wird nun in ein großes Glas gefüllt und nochmals für ca. 7 Tage ruhig stehen gelassen. In dieser Zeit setzt sich unten im Glas die Hefe ab. Sobald die Flüssigkeit klar geworden ist, zieht man den klaren Teil aus dem Glas ab und erhitzt auf gut 80 °C, bevor man den Met dann in Flaschen füllt. Die Flaschen rasch verschließen und liegend auskühlen lassen.

☞ **TIPP** Met war das Getränk der Wikinger und wird in historischen Schriften vielfach erwähnt.

INGWER

INGWERKONFITÜRE

500 g frische Ingwerknollen
1,5 l trockener Weißwein
Saft von 1 Zitrone
1 kg Gelierzucker 1:1

Die Ingwerknollen etwas dicker abschälen und gemeinsam mit dem Weißwein und dem Zitronensaft bei mittlerer Hitze ca. 30 Minuten kochen. Anschließend den Sud mit den Ingwerknollen auskühlen lassen und im Kühlschrank für ca. 12 Stunden aufbewahren. || Im Anschluss wird der Ingwersud abgeseiht. Die geschälten Ingwerknollen werden durch die grobe Scheibe des Fleischwolfs getrieben und der Brei dann in den abgeseihten Sud gegeben. Die Masse dann nochmals für ca. 15 Minuten kochen, den Gelierzucker einrühren und laut Packungsangabe nochmals kurz aufkochen. || Anschließend in saubere Gläser füllen und zum Auskühlen ruhig stehen lassen.

INGWERLIKÖR

500 g Ingwerknollen, geschält
200 g Kandiszucker
1 EL Blütenhonig
400 ml Weingeist, 96%ig

Die geschälten Knollen in dünne Scheiben hobeln, diese gemeinsam mit dem Kandiszucker und dem Blütenhonig im Alkohol für ca. 3 Wochen ansetzen. || Im Anschluss wird der Ingwer abgeseiht und in einem feinen Sieb leicht ausgedrückt. || Den Ansatz lässt man nun etwas absetzen und nach ca. 5–7 Tagen kann man ihn in Flaschen abfüllen.

☞ **TIPP** Die wärmende Schärfe getragen von der milden Süße macht diesen Likör zu etwas Hervorragendem für kalte Wintertage. Leicht angewärmt, bringt dieser Likör wieder neue Kraft in kalte Glieder.

INGWERESSIG

180 g Ingwerknollen, geschält
2 l guter Weißweinessig
3 EL Akazienblütenhonig

Die geschälten Ingwerknollen in dünne Scheiben hobeln und mit dem Essig in einem Glas kühl und dunkel ziehen lassen. || Nach rund 1 Woche wird der Ansatz durch ein feines Tuch abgeseiht und anschließend der Honig eingerührt. Akazienhonig ist sehr gut geeignet, da dieser eine feine Süße hat und relativ wenig Eigengeschmack. Dadurch kommt der leicht scharfe Geschmack des Ingwers besser zu Geltung. || Der mit Honig gesüßte Ansatz wird kurz auf ca. 60 °C erhitzt und in Flaschen abgefüllt. Diese werden rasch verschlossen und zum Auskühlen ruhig stehen gelassen.

1

2

3

JOHANNISBEERE

BZW. RIBISEL (ROT, WEISS UND SCHWARZ)

JOHANNISBEERENESSIG

kg frische Johannisbeeren
ein paar frische Minzblätter
1 l Apfelessig (auch Rotweinessig kann verwendet werden)

Die Beeren werden mit den Minzblättern im Apfelessig für ca. 10 Tage angesetzt. Im Anschluss wird der Essig abgeseiht und die Beeren in einem feinen Tuch ausgedrückt. || Der jetzt erhaltene Essig wird noch einmal für ca. 5 Tage stehen gelassen, damit sich der Trub gut absetzen kann. Anschließend wird der klare Essig abgezogen und in einem Topf auf ca. 65 °C erwärmt. || Den noch warmen Essig in Flaschen abfüllen, diese gut verschließen und liegend auskühlen lassen.

☞ TIPP Johannisbeerenessig passt perfekt zu Sülze oder zu dunklen Blattsalaten und gibt dem Salat einen fruchtigen Geschmack.

JOHANNISBEERGELEE MIT ROTWEIN

1,5 l Johannisbeersaft, frisch gepresst (roter, schwarzer oder auch weißer)
1/2 l leichter Rotwein (bei rotem oder weißem Johannisbeersaft Weißwein oder Champagner verwenden)
Saft von 1 Zitrone
2 kg Gelierzucker 1:1

Der Johannisbeersaft wird mit dem Rotwein und dem Zitronensaft zum Kochen gebracht. Den Gelierzucker einrühren und ca. 5 Minuten leicht wallend kochen lassen. || Kochend heiß in saubere Gläser füllen, sofort verschließen und zum Auskühlen ruhig stehen lassen.

JOHANNISBEERENSIRUP

kg frische Johannisbeeren (rote, schwarze und/ oder weiße)
Saft von 1 Limette
700 g Kristallzucker

Die Beeren werden in einem Topf mit dem Limettensaft auf ca. 40 °C erwärmt und mit einem Kochlöffel zerdrückt. Diese Masse lässt man für ca. 4 Stunden zugedeckt auskühlen. || Anschließend werden die Beeren durch ein feines Tuch ausgedrückt und der Saft aufgefangen. Diesen Saft füllt man mit Wasser auf 700 ml auf und gibt den Zucker dazu. || Nun alles in einem Topf auf ca. 85 °C erwärmen, bis sich der Zucker gut aufgelöst hat. Zum Schluss den Sirup heiß in Flaschen füllen, diese gut verschließen und liegend auskühlen lassen.

☞ TIPP Johannisbeersirup ist gut ein Jahr haltbar und sehr vielseitig verwendbar.

JOHANNISBEERKOMPOTT

2 l Wasser
250 g Kristallzucker
1 Zimtstange
1 Vanilleschote
Saft von 1 Zitrone
1 kg Johannisbeeren (rote, schwarze, weiße oder gemischt)

Das Wasser wird zum Kochen gebracht und der Zucker darin gut aufgelöst. Die Gewürze und den Zitronensaft dazugeben und zusammen für gut 10 Minuten leicht wallend kochen lassen. || Anschließend werden die Gewürze mit einem Schöpfer herausgefischt und die Beeren dem kochenden Zuckerwasser beigefügt. Mit den Beeren lässt man alles weitere 5–8 Minuten kochen. Das fertige Kompott nun kochend heiß in Gläser abfüllen, diese rasch verschließen und zum Auskühlen ruhig stehen lassen.

☞ TIPP Johannisbeerkompott ist viele Monate haltbar und passt ausgezeichnet zu bäuerlichen Süßspeisen.

JOHANNISBEERGEIST

1 kg frische Johannisbeeren
etwas Limettenschale, geraspelt
700 ml Weingeist, 96%ig
1/2 l Wasser

Die Beeren werden etwas gequetscht und mit der Limettenschale im Alkohol für gut 5 Stunden angesetzt. || Dieser Ansatz wird mit dem Wasser in ein Tischbrenngerät gefüllt und auf kleinster Flamme erhitzt. Die Destillation wird beendet, wenn rund 900 ml Destillat aufgefangen wurden. || Das Destillat wird nun mit frischem, weichem Wasser im Verhältnis 1:1 verdünnt und in Flaschen gefüllt. Allfällige Trübungen sind lediglich ätherische Öle, die ausfallen. Dies hat keine Qualitätsminderung zur Folge.

☞ TIPP Johannisbeergeist kann gut verwendet werden, wenn man einen Braten mit einem fruchtigen Geschmack verfeinern möchte. Ein Schuss dieses Johannisbeergeistes über den Braten bereichert die Sauce und bringt den gewissen Pfiff in die Küche.

JOHANNISBEERLIKÖR

1 kg frische, schwarze Johannisbeeren
180 g brauner Kandiszucker
1 kl. Prise Piment
1/2 l Weingeist, 96%ig

Die Johannisbeeren werden mit dem Kandiszucker und der Prise Piment im Alkohol für gut 2 Wochen angesetzt. Der Ansatz wird an einem nicht zu kühlen, aber dunklen Ort aufgestellt und mit einem Kochlöffel alle 2–3 Tage aufgerührt. || Nach den 2 Wochen werden die Beeren abgeseiht und durch ein feines Tuch ausgedrückt. || Zu dem erhaltenen Ansatz gibt man jetzt noch dieselbe Menge frisches Wasser und lässt dann die Trubstoffe etwas absetzen. Dazu stellt man den Ansatz nochmals für ca. 7 Tage an einen kühlen Ort. || Anschließend füllt man den klaren Likör in saubere Flaschen und verschließt diese gut.

☞ TIPP Johannisbeerlikör wird u.a. für Kir Royal verwendet. Dazu wird 1 Schuss Johannisbeerlikör in einem Sektglas mit Champagner aufgefüllt.

JOSTABEERE

JOSTABEERENGELEE

1 kg frische Jostabeeren
800 g Gelierzucker 1:1
Saft von 1 Orange
1 Prise Muskat
etwas Ingwer, geraspelt

Die Jostabeeren etwas zerquetschen und anschließend in einem Topf für ca. 5 Minuten leicht wallend kochen lassen. Dann mit der Flotten Lotte passieren. || Das Fruchtmark wird nun mit dem Gelierzucker und dem Orangensaft noch einmal kurz aufgekocht. || Das Gelee heiß in Gläser füllen, diese rasch verschließen und zum Auskühlen an einem kühlen Platz ruhig aufgestellt.

JOSTABEERENSIRUP

1 kg frische Jostabeeren
Saft von 1 Zitrone
700 g Kristallzucker

Die Beeren mit dem Zitronensaft in einem Topf auf ca. 40 °C erwärmen, dabei mit einem Kochlöffel gut umrühren. Dann nimmt man den Topf vom Herd und lässt die Masse zugedeckt für ca. 4 Stunden auskühlen. || Nachdem die Masse gut ausgekühlt ist, presst man die weichen Beeren durch ein feines Tuch aus und erhält so einen frischen und schonend hergestellten Jostabeerensaft. Dieser Saft wird jetzt mit Wasser auf 700 ml aufgefüllt und dann mit dem Zucker noch einmal erwärmt. Bei rund 85 °C rührt man den Zucker gut auf, damit dieser sich zur Gänze auflösen kann. || Der heiße Sirup wird nun in saubere Flaschen gefüllt, welche rasch und fest verschlossen werden. Die Flaschen lässt man liegend auskühlen und lagert sie dann kühl und dunkel.

JOSTABEERENLIKÖR

1 kg frische Jostabeeren
5 Gewürznelken
etwas Orangenschale, geraspelt
1/2 l Weingeist, 96%ig
etwas Kirsch- oder Weichselbrand
190 g Kristallzucker

Die Jostabeeren werden mit den Gewürznelken und der geraspelten Orangenschale für gut 14 Tage in den Alkoholen angesetzt. In dieser Zeit sollte man das Ganze mehrmals umrühren, um die Auslaugung der Beeren zu verbessern. || Im Anschluss werden die Beeren abgeseiht und in einem feinen Tuch etwas ausgedrückt. Der erhaltene Auszug wird nun mit dem Zucker gemischt und im Verhältnis 1:1 mit frischem Wasser verdünnt. || Der nun noch etwas trübe Ansatz wird für weitere 5 Tage ruhig stehen gelassen. Jetzt hat sich der Trub unten im Glas abgesetzt und der blanke Likör kann in Flaschen abgefüllt werden.

☞ **TIPP** Jostabeerenlikör ist ein bekömmlicher und feiner Likör, der vor allem in der warmen Jahreszeit gut schmeckt.

KAKAO

KAKAO-BIRNEN-LIKÖR

400 g Kakaobohnen, geröstet und geschrotet
800 ml Birnenedelbrand, ca. 42%ig
100 g Kristallzucker

Die gerösteten und geschroteten Kakaobohnen werden für ca. 5 Wochen in den Birnenedelbrand eingelegt. Während des Ansetzens sollte des Öfteren gerührt werden, um die Auslaugung zu verbessern. || Nach den gut 5 Wochen die Kakaobohnen abseihen und gut abtropfen lassen. Dem Ansatz wird jetzt noch 1/3 der Ansatzmenge (ca. 260 ml) frisches Wasser zugegeben. || Anschließend noch den Zucker gut einrühren und den Ansatz noch ein paar Tage stehen lassen, um den Trub abzusetzen. || Der klare Likör wird dann in saubere Flaschen gefüllt und ist so über ein Jahr haltbar.

☞ TIPP Der Likör sollte möglichst kühl und dunkel gelagert werden, um die Aromen lange zu erhalten.

KAKAOGEIST

100 g Kakaobohnen, geröstet und geschrotet
800 ml kräftiger Zwetschkenedelbrand, ca. 42%ig

Die gerösteten und geschroteten Kakaobohnen werden für mindestens 1 Tag im Zwetschkenbrand angesetzt. Anschließend füllt man den Ansatz in ein Tischbrenngerät und erhitzt es ganz langsam auf kleinster Flamme. || Die ersten 20 ml des herauskommenden Destillates werden verworfen und der Rest in einem Gefäß aufgefangen. Nachdem rund 1/2 l Destillat aufgefangen wurden, wird die Destillation beendet. Das erhaltene Destillat wird mit frischem Wasser im Verhältnis von 2 Teile Destillat zu 1 Teil Wasser verdünnt.

☞ TIPP Dieser Kakao-Zwetschken-Geist ist etwas ganz Besonderes, mit dem Sie Ihre Gäste überraschen können.

KAKI

KAKICHUTNEY

1 kg Kakis
Saft von 2 Limetten
1 EL Currypulver
4 mittlere, rote Zwiebeln, geschält und klein geschnitten
evtl. 1 EL Kristallzucker
1 kräftiger Schuss Weißweinessig (evtl. Apfelessig)
1 Prise Salz
300 g Gelierzucker 3:1
2 TL grüne Pfefferkörner

Die Kaki schälen und das Fruchtfleisch in einem Topf mit dem Limettensaft und dem Currypulver zum Kochen bringen. || Die Pfefferkörner in einem Mörser leicht zerquetschen, der kochenden Masse beifügen und für gut 15 Minuten leicht wallend weiterkochen lassen. || In einem zweiten Topf werden inzwischen die zuvor geschälten und klein geschnittenen Zwiebeln goldgelb angeröstet. Beim Anrösten kann man noch 1 EL Zucker dazugeben, um die Zwiebeln leicht zu karamellisieren. Abgelöscht wird dann mit einem kräftigen Schuss Essig. || Nun gibt man die inzwischen etwas eingedickten Kakis zu den abgelöschten Zwiebeln und lässt alles noch einmal gut aufkochen. Der kochenden Masse werden dann 1 Prise Salz und der Gelierzucker beigemengt. Zum Auflösen des Zuckers lässt man das Chutney weitere 5 Minuten leicht wallend kochen. || Anschließend das Chutney kochend heiß in Gläser abfüllen. Die Gläser sofort verschließen und zum Auskühlen ruhig stehen lassen.

☞ **TIPP** Das Aroma dieses extravaganten Chutneys ergänzt sich hervorragend mit kräftigem Blauschimmelkäse oder gegrilltem Hühnerfleisch.

KAKILIKÖR

500 g Kakis
80 g brauner Zucker
200 ml leichter Jamaikarum

Die Kakis schälen und in einem Topf für 5 Minuten leicht wallend kochen lassen. Die heiße Masse auskühlen lassen und im Anschluss durch ein feines Tuch auspressen. || Dem so erhaltenen Saft wird jetzt der Zucker beigefügt und dieser gut aufgelöst. Zum Schluss noch den Rum einrühren. || Der jetzt noch trübe Ansatz wird für gut eine Woche in einem großen Glas stehen gelassen. In dieser Zeit setzt sich der Trub ab und man kann dann den geklärten Likör in Flaschen füllen.

☞ **TIPP** Kakilikör ist etwas Exotisches, das im Handel nur sehr selten erhältlich ist.

KAKIKONFITÜRE

600 g reife Kakis
Saft von 1 Orange
250 g Gelierzucker 2:1
1 Schuss Cointreau

Den Kakis die Haut zur Gänze abziehen und, sofern vorhanden, die Kerne herausnehmen. Das weiche Fruchtfleisch der Kaki wird mit dem Orangensaft in einem Topf für rund 10 Minuten leicht wallend gekocht und dann der Gelierzucker eingerührt. || Nachdem sich der Gelierzucker gelöst hat, was ca. weitere 4 Minuten leicht wallendes Kochen in Anspruch nimmt, rührt man noch den Schuss Cointreau ein. || Die Konfitüre wird kochend heiß in Gläser gefüllt und die gut verschlossenen Gläser lässt man rasch auskühlen. Dazu werden sie an einem ruhigen Platz für mehrere Stunden stehen gelassen.

KALMUS

KALMUSGEIST

100 g getrocknete Kalmuswurzen aus der Apotheke
1 l Birnenedelbrand oder milder Obstler

Die Kalmuswurzen werden in kleine Stücke geschnitten. Man kann diese auch mit einer Küchenmaschine zerkleinern, sollte dann jedoch die Wurzen vorher tiefkühlen, um eine Erwärmung beim Mahlen zu verhindern. || Die klein geschnittenen Wurzelstücke werden dann für 2 Tage im Birnenedelbrand oder Obstler angesetzt. Anschließend füllt man den Ansatz samt Wurzeln in eine Tischbrenngerät und beginnt, den Ansatz langsam zu erhitzen. Nachdem man ca. 800 ml Destillat erhalten hat, wird der Destilliervorgang beendet. || Das erhaltene Destillat wird im Verhältnis 2 Teile Destillat zu einem 1 Wasser verdünnt und in Flaschen abgefüllt.

☞ **TIPP** Dieser Kalmusgeist ist vom Geschmack mit nichts vergleichbar. Nach einem deftigen Essen wirkt er wahre Wunder.

ANGESETZTER KALMUSSCHNAPS

100 g getrocknete Kalmuswurzen
150 ml Weingeist, 96%ig
150 ml Wasser
2 EL Waldhonig

Die Wurzen werden klein gehackt und im Weingeist für 3 Wochen angesetzt. || Nach diesen 3 Wochen werden die Wurzen abgeseiht. Dem erhaltenen Ansatz mengt man jetzt noch dieselbe Menge Wasser (ca. 150 ml) und etwa 3 EL Honig bei.

☞ **TIPP** Kalmusansatz ist sehr bitter und wird wie Medizin verwendet. Bei Magenschmerzen hat bei mir ein Schluck dieses Elixiers meist wunderbar geholfen.

KAMILLE

GRAPPA MIT KAMILLENBLÜTEN

250 g Kamillenblüten
1 l im Holzfass gereifter Grappa, ca. 42%ig
80 g Kristallzucker

Die Kamillenblüten werden im Grappa für ca. 2 Wochen eingelegt. An einem dunklen, nicht zu kühlen Ort lässt man diesen Ansatz ziehen und rührt bei Gelegenheit immer wieder um. || Nach diesen gut 14 Tagen werden die Blüten abgeseiht und leicht ausgedrückt. Der erhaltenen Flüssigkeit wird der Zucker beigefügt und dieser gut aufgelöst. Bevor man jetzt in Flaschen abfüllt, sollte man noch den Trub absetzen lassen. Dazu füllt man den Grappa in ein Glas und lässt in weitere 7–10 Tage ruhig stehen. Nach dieser Zeit hat sich am Boden des Glases der Trub abgesetzt. Die klare Flüssigkeit wird nun vorsichtig in ein sauberes Gefäß geleert, um sie vom abgesetzten Trub zu trennen.

☞ **TIPP** Als Digestif nach einem gehaltvollem Essen ist dieser natürlich aromatisierte Grappa etwas Ausgezeichnetes.

KAMILLENESSIG

200 g Kamillenblüten, frisch oder getrocknet
1 l Weißweinessig oder Apfelessig
1 EL Blütenhonig

Die Kamillenblüten in den Essig einlegen und den Ansatz für gut 1 Woche ziehen lassen. || Anschließend werden die Blüten abgeseiht und der Essig durch ein feines Tuch filtriert. Zum Schluss den Essig noch mit dem Blütenhonig etwas abschmecken. || Vor dem Abfüllen sollte man den Essig noch in einem Topf auf 65 °C erwärmen. Anschließend den Essig in Flaschen abfüllen, diese rasch verschließen und liegend auskühlen lassen.

☞ **TIPP** Kamillenessig ist eine blumige Essigvariante für feine Blattsalate.

KAROTTE

KAROTTEN-ZITRONEN-KONFITÜRE

1kg frische Karotten
Saft von 1 Zitrone
etwas Zitronenschale, gerieben
1 kg Gelierzucker 1:1

Die Karotten werden geputzt und mit dem Zitronensaft und etwas Wasser in einem Topf weich gekocht. Die weichen Karotten werden jetzt mit einem Stabmixer zu einem feinen Mus zerkleinert. || Nach Zugabe der geriebenen Zitronenschale und des Gelierzuckers wird alles nochmals kurz aufgekocht. || Anschließend die Konfitüre in saubere Gläser füllen, sofort verschließen und zum Auskühlen ruhig stehen lassen.

SÜSS-SAURES KAROTTENGEMÜSE

1 kg frische Karotten
1 Stange Lauch
1 gr. Zwiebel
je 1 frische rote, gelbe und grüne Paprika
1 Petersilienwurzel
1 l Weißweinessig
1/2 l Wasser
etwas Salz
Gewürze wie z.B. Koriandersamen, Kümmel, Senfkörner, Lorbeerblätter, Wacholderbeeren
1 Prise Kristallzucker (je nach Bedarf)

Das Gemüse und Wurzelwerk säubern, bei Bedarf schälen und in grobe Stücke schneiden. Karotten und Lauch in ca. 2 cm dicke Scheiben schneiden. || Den Essig mit dem Wasser, allen Gewürzen und der Prise Zucker in einem großen Topf zum Kochen bringen. Das geschnittene Wurzelwerk und Gemüse dazugeben und für ca. 5 Minuten leicht wallend kochen lassen. || Im noch siedend heißen Zustand das Gemüse in saubere Gläser füllen, mit dem vorhandenen kochenden Sud aufgießen und sofort fest verschließen. Die Gläser zum Auskühlen an einem kühlen Ort stehen lassen.

☞ **TIPP** Vor dem Verzehr sollten die Gläser etwa 4 Wochen kühl und dunkel gelagert werden. In dieser Zeit zieht der Essig in das Gemüse und das Wurzelwerk ein und die Gewürze können ihre Aromen entfalten.

KAROTTENSALAT

1 kg Karotten
1/2 l Apfelessig
1/4 l Wasser
etwas Salz und Pfeffer

Die Karotten gut waschen und nach Bedarf schälen. Die sauberen Karotten werden anschließend entweder fein geraspelt oder in dünne Blättchen gehobelt. || Zusammen mit dem Essig, Wasser, Salz und Pfeffer werden die klein geschnittenen Karotten dann kurz aber kräftig aufgekocht. || Im noch kochend heißen Zustand wird dann alles in Gläser gefüllt und mit dem vorhandenen Sud gut bedeckt. Die Gläser sofort verschließen und auskühlen lassen. Der Karottensalat ist kühl und dunkel gelagert für mehrere Monate haltbar.

KIRSCHSIRUP

2 kg frische Kirschen oder Weichseln
Saft von 2 Zitronen
1,5 kg Kristallzucker

Die frischen Kirschen mit dem Zitronensaft in einem Topf auf ca. 40 °C erwärmen und dabei gut umrühren. Anschließend die Kirschen im zugedeckten Topf für ca. 4 Stunden auskühlen lassen. Nun hat sich der Saft aus den Kirschen gelöst und kann durch ein feines Tuch herausgepresst werden. || Den gewonnenen Saft in einem Topf dann auf ca. 85 °C erhitzen, mit dem Zucker vermengen und diesen durch gutes Umrühren auflösen. || Den Sirup heiß in saubere Flaschen füllen und diese rasch verschließen. Zum Auskühlen werden die Flaschen umgelegt und nach dem Auskühlen kühl und dunkel gelagert.

WEICHSELNEKTAR

1 kg Weichseln, entsteint
300 g Kristallzucker
1/2 l Wasser

Die Weichseln in einem Topf zum Kochen bringen und ca. 8 Minuten leicht wallend kochen lassen. Anschließend den Topf vom Herd nehmen und die Weichseln auskühlen lassen. || Die erkaltete Masse durch ein feines Tuch oder Sieb streichen und das erhaltene Mark in einem Topf wieder zum Kochen bringen. Jetzt den Zucker und das Wasser dazugeben und alles zusammen noch einmal kurz aufkochen lassen. || Den Nektar kochend heiß in Flaschen füllen, diese rasch verschließen und langsam auskühlen lassen.

WEICHSEL-HIMBEER-KONFITÜRE MIT SCHUSS

1 1/2 kg Weichseln
1/2 kg Himbeeren
2 kg Gelierzucker 1:1
1 Schuss Weichsel- oder Himbeerbrand

Die Weichseln werden entsteint und mit den Himbeeren in einem Topf ca. 5 Minuten leicht wallend gekocht. Nachdem die Früchte weich gekocht sind, wird der Gelierzucker eingerührt und alles zusammen weitere 5 Minuten leicht wallend gekocht. || Kurz vor dem Abfüllen in die Gläser wird noch 1 Schuss Weichselbrand oder Himbeerbrand eingerührt. || Die Konfitüre heiß in Gläser füllen, diese rasch verschließen und dann zum Abkühlen ruhig stehen lassen.

WEICHSEL-SCHOKO-KONFITÜRE

1 kg Weichseln, entsteint
1 kg Gelierzucker 1:1
200 g dunkle Schokolade
1 Schuss milder Jamaikarum

Die Weichseln in einem Topf zum Kochen bringen und für ca. 10 Minuten leicht wallend kochen lassen. || Jetzt den Gelierzucker und die Schokolade dazugeben und leicht wallend 6 Minuten weiterkochen lassen. Kurz vor dem Abfüllen wird noch mit 1 Schuss mildem Jamaikarum abgeschmeckt. || Die köstliche Konfitüre in Gläser füllen, diese rasch verschließen und zum Auskühlen ruhig stehen lassen.

KIRSCHKONFITÜRE MIT ROSENBLÄTTERN

1 kg Kirschen, entsteint
Saft von 2 Zitronen
1 kg Gelierzucker 1:1
Blütenblätter von 1 Rosenblüte

Die Kirschen mit dem Zitronensaft und dem Gelierzucker in einem Topf zum Kochen bringen und unter ständigem Rühren die Masse ca. 5 Minuten kochen lassen. || Die Blütenblätter in feine Streifen schneiden und in die noch heiße Masse einrühren. || Anschließend die Konfitüre kochend heiß in Gläser abfüllen und diese unverzüglich verschließen. Nach dem Abfüllen braucht die Konfitüre ein paar Stunden Ruhe zum Auskühlen und Gelieren. In dieser Zeit sollte man die Gläser nicht bewegen. || Nach dem Auskühlen kann die Konfitüre in den Vorratsraum gestellt werden.

☞ **TIPP** Wichtig ist, dass man diese Köstlichkeit möglichst frisch genießt, da sich der feine und sehr zarte Rosenduft relativ rasch abbaut.

KIRSCHKOMPOTT AMARENA

2 l Wasser
200 g Kristallzucker
1 Zimtstange
1 Vanilleschote
5 Gewürznelken
1 kg Kirschen, entkernt
Saft von 1 Zitrone
1 Schuss Amaretto

Das Wasser wird erwärmt und der Zucker darin gut aufgelöst. Zusammen mit den Gewürzen wird das Zuckerwasser dann für ca. 10 Minuten leicht wallend gekocht. || Im Anschluss werden die Gewürze mit einem Schöpfer herausgefischt und die Kirschen mit dem Zitronensaft dazugegeben. Die Kirschen werden nun ca. 5 Minuten mitgekocht. || Abschließend wird noch 1 Schuss Amaretto in das Kompott eingerührt, was das besondere Aroma ausmacht. || Nun das Kompott in Gläser abfüllen, diese rasch verschließen und zum Auskühlen ruhig stehen lassen.

☞ **TIPP** Entsteinte Kirschen zerkochen etwas mehr als nicht entsteinte. Bevorzugt man ein Kompott mit intakten Kirschen, dann dürfen diese vorher nicht entsteint werden.

KIRSCH-BRANDY-LIKÖR

1 kg frische Kirschen oder Weichseln
1 Zimtstange
5 Gewürznelken
evtl. 1 Sternanis
1,5 l milder Weinbrand oder feiner Brandy
190 g Kristallzucker oder ca. 200 g Akazienblütenhonig

Die Früchte mit den Gewürzen im Alkohol ansetzen und dort an einem dunklen Ort für gut 3 Wochen ziehen lassen. || Anschließend die Früchte und Gewürze abseihen und eventuell durch ein feines Tuch auspressen. Der jetzt erhaltene Ansatz wird noch mit dem Zucker oder Honig gesüßt und für 1 Woche in einem Gefäß zur Klärung stehen gelassen. || Nachdem sich der Trub abgesetzt hat, kann man den Likör in Flaschen abfüllen. Kühl und dunkel gelagert, ist der Likör gut 6 Monate haltbar.

KIRSCHWASSER

300 g frische Kirschen oder Weichseln
1/2 l Weingeist, 96%ig
1 Zimtstange
etwas Akazienblütenhonig

Die Früchte mit der Zimtstange für 1 Tag im Alkohol ansetzen. || Anschließend gibt man den Ansatz mit den Früchten in ein Tischbrenngerät und lässt die Masse langsam erhitzen. Nachdem etwa 700 ml Destillat aufgefangen wurde, wird die Destillation beendet. || Das erhaltene Destillat wird nach Belieben noch mit etwas Honig gesüßt und in Flaschen abgefüllt.

ESSIGKIRSCHEN

1 kg Kirschen mit Kern und Stiel
200 ml kräftiger Rotweinessig
300 g Kristallzucker
3 EL Blütenhonig
200 ml kräftiger Rotweinessig
1 Zimtstange
3–4 Gewürznelken

Die Kirschen werden samt der Stiele in eine Schüssel gegeben. In einem Topf lässt man den Essig mit den restlichen Zutaten gut aufkochen und gießt dann alles über die Kirschen in der Schüssel. Mit einem Teller werden die Kirschen dann beschwert, damit diese zur Gänze mit dem Sud bedeckt sind. So lässt man die Kirschen über Nacht ziehen. || Am nächsten Tag wird der Sud abgegossen und wieder neu aufgekocht. Man lässt ihn so lange kochen, bis 1/4 der Flüssigkeit abgedampft ist. Anschließend wird der Sud wieder über die Kirschen in der Schüssel gegossen. Die Kirschen lässt man nun eine weitere Nacht im Essigsud ziehen. Anschließend wird der Sud wieder abgegossen, ein weiteres Mal um 1/4 eingedickt und dann wieder über die Kirschen gegossen. Nach einer weiteren Nacht im Sud lässt man die Kirschen nun zusammen mit dem Sud für ca. 5 Minuten leicht wallend kochen. || Abschließend die Kirschen in saubere Gläser füllen, diese schnellstens verschließen und langsam auskühlen lassen.

☞ **TIPP** Essigkirschen sind eine exzellente Begleitung zu Wildgerichten. Sie können als Fleischbeilage, aber auch zum geschmacklichen Abrunden kräftiger Saucen verwendet werden.

Man kann die Kirschen vor dem Verarbeiten auch entstielen und entsteinen, dann aber zerfallen sie ein wenig und verlieren den dekorativen Effekt beim Anrichten der Speisen.

KIRSCHESSIG

1 kg frische Kirschen oder Weichseln
2 l guter Rotweinessig
1/2 TL Senfkörner
1/2 TL Wacholderbeeren
etwas Kümmelsamen

Die frischen Früchte werden im Essig zusammen mit den Gewürzen für ca. 3 Wochen angesetzt. || Nach den 3 Wochen werden die Früchte abgeseiht und eventuell in einem feinen Tuch etwas ausgedrückt. Der so erhaltene fruchtig-würzige Essig wird vor dem Füllen noch kurz auf ca. 65 °C erhitzt. || Den Kirschessig heiß in Flaschen abfüllen, diese rasch verschließen und liegend auskühlen lassen.

☞ **TIPP** Dieser fruchtige Essig kann für Salate, aber auch als Würze für feine Saucen verwendet werden.

ROTWEINKIRSCHEN

1 kg ganze Kirschen
Saft v. 2 Orangen
4 EL Honig
2 Zimtstangen
300 ml Rotwein
1/16 l Jamaikarum
1 EL Speisestärke

Die Kirschen mit dem Orangensaft, dem Honig, den Zimtstangen und dem Rotwein in einem Topf zum Kochen bringen und für gut 8 Minuten leicht wallend kochen lassen. || Nach gut 8 Minuten die Zimtstangen herausnehmen und die Kirschen in Gläser füllen. || Den Sud noch einmal kurz aufkochen und den Jamaikarum sowie die Speisestärke einrühren. Wenn sich die Stärke gut aufgelöst hat, gießt man den kochend heißen Sud über die Kirschen in den Gläsern und verschließt diese rasch. Die Gläser lässt man dann langsam auskühlen und lagert sie kühl und dunkel.

☞ **TIPP** Die Rotweinkirschen sind ausgezeichnet zu Vanilleeis oder Pudding.

KIWIKOMPOTT

500 g Kiwis, geschält
Saft von 1 Limette
1,5 l Wasser
200 g Kristallzucker
ein kleiner Schuss Bananenlikör

Die geschälten Kiwis in ca. 1/2 cm dünne Scheiben schneiden und mit dem Limettensaft beträufeln. || Das Wasser zum Kochen bringen und den Zucker darin gut auflösen. Anschließend die Kiwischeiben beifügen und die Hitze reduzieren, so dass alles nur noch leicht köchelt. || Nach ca. 7 Minuten wird mit 1 Schuss Bananenlikör abgeschmeckt und das Kompott noch heiß in Gläser gefüllt. Diese werden rasch verschlossen und zum Auskühlen ruhig stehen gelassen.

KIWI-BANANEN-KONFITÜRE

1,5 kg Kiwis, geschält
500 g Bananen, geschält
Saft von 3 Zitronen
Mark von 2 Vanilleschoten
1 kg Gelierzucker 2:1
evtl. 1 Schuss milder Rum

Die Früchte in kleine Stücke schneiden und mit dem Zitronensaft sowie dem Vanillemark in einem Topf für ca. 10 Minuten leicht wallend kochen lassen, bis die Fruchtstücke schön weich sind. Jetzt den Zucker dazugeben, gut einrühren und für weitere 5 Minuten leicht wallend kochen lassen. || Ganz zum Schluss kann man noch mit einem Schuss milden Rum den Geschmack abrunden. Die Konfitüre heiß in Gläser abfüllen, diese sofort verschließen und zum Auskühlen ruhig stehen lassen, damit die Konfitüre gut geliert.

☞ **TIPP** Der Zitronensaft und das gute Erhitzen helfen, die Bräunung der Bananen zu vermindern und halten die Konfitüre schön hell. Besonders bei dieser Konfitüre ist es wichtig, dass die Früchte gut durchgekocht werden.

KIWILIKÖR

800 g Kiwis, geschält
Saft von 2 Zitronen
1 l guter Wodka, mind. 40%ig
200 g Kristallzucker
2 EL Blütenhonig
1 Schuss V.S. Cognac oder milder Brandy

Die geschälten Kiwis in kleine Stücke schneiden und in einem Topf mit dem Zitronensaft auf 40 °C erwärmen. Anschließend die Masse gut auskühlen lassen. || Nun den Wodka dazugeben und den Ansatz für 2 Tage an einem nicht zu kühlen, aber dunklen Ort stehen lassen. || Nach diesen 2 Tagen wird der Ansatz durch ein feines Tuch abgeseiht und die Früchte leicht ausgedrückt. || Der erhaltene Auszug wird jetzt noch mit dem Zucker gesüßt und nach Belieben mit etwas Honig abgerundet. 1 Schuss V.S. Cognac oder milder Brandy verleihen dem Likör noch etwas Pfiff. || Abschließend den fertigen Kiwilikör in Flaschen füllen, diese rasch verschließen und kühl und dunkel lagern.

SCHARFER UND WÜRZIGER KNOBLAUCH

300 g Knoblauch
1 Peperoni
1/8 l Weißweinessig
1 EL Salz
1 EL Kristallzucker
1 Prise Thymian
1 Prise Rosmarin
Pfefferkörner
ca. 1/8 l kalt gepresstes Olivenöl

Knoblauch schälen und die Peperoni klein schneiden. || Den Essig mit Salz, Zucker, Thymian und Rosmarin gut aufkochen, dann Knoblauch und Pfefferkörner beigeben und für weitere 10 Minuten kochen. || Danach die Masse rasch in Gläser füllen und jeweils mit 1 guten Schuss Olivenöl abdecken. Diese rasch verschließen und auskühlen lassen.

EINGELEGTER KNOBLAUCH

2 kg Knoblauch
1 l Weißweinessig
1/8 l kalt gepresstes Olivenöl
1/2 l Wasser
170 g Kristallzucker
80 g Salz
80 g ganze Pfefferkörner
Rosmarin
Lorbeerblätter
Gewürznelken
Thymian nach Belieben
1–2 Peperoni

Die Knoblauchzehen schälen und über Nacht in heißem Wasser einweichen. Am nächsten Tag die Knoblauchzehen für eine Minute in Salzwasser kochen. Damit wird das Verfärben des Knoblauchs verhindert. || Den Knoblauch aus dem Wasser nehmen. || Alle Zutaten außer dem Knoblauch in einem Topf 15 Minuten gut aufkochen. Anschließend den Topf von der Platte nehmen, den Knoblauch einlegen und 10 Minuten ziehen lassen (nicht kochen). || Abschließend das Ganze nochmals auf ca. 85 °C erhitzen, heiß in Gläser füllen und mit 1 Schuss Olivenöl abdecken. Diese sofort verschließen und zum Auskühlen ruhig stehen lassen.

☞ **TIPP** Eingelegter Knoblauch passt perfekt zu einer Brettljause oder zum Würzen von Braten. Kleingehackt kann der Knoblauch auch zum Verfeinern von Salaten verwendet werden.

KOKOSNUSS

KOKOSNUSSCHUTNEY

300 g frische Kokosraspel
Saft von 1 Limette
4 Chilischoten, klein geschnitten
3 Zwiebeln, klein geschnitten
1 EL Korianderblätter
3 EL Ingwer, gerieben
200 g Gelierzucker 3:1
Salz

Die Kokosraspel mit dem Limettensaft beträufeln und zusammen mit den klein geschnittenen Chili, den Zwiebeln, Korianderblättern sowie dem geriebenen Ingwer zum Kochen bringen. Die Masse nun ca. 15 Minuten leicht wallend kochen lassen und öfters umrühren. || Anschließend den Gelierzucker dazugeben und gut einrühren. Zum Schluss mit einer Prise Salz abschmecken und alles zusammen noch ca. 5 Minuten leicht wallend weiterkochen lassen. || Das Chutney kochend heiß in Gläser abfüllen und diese rasch verschließen.

KOKOSCRÈME

500 g Kokosraspel
400 g Kristallzucker
Saft von 1 Limette
1/4 l Wasser

Die Kokosraspel werden mit dem Zucker vermengt und mit etwas Limettensaft abgeschmeckt. || In einem Topf wird dieses Gemenge mit dem Wasser zum Kochen gebracht. Auf niederer Stufe lässt man alles für gut 15 Minuten kochen und damit etwas reduzieren. || Anschließend wird die Masse heiß in Gläser gefüllt, welche rasch verschlossen werden.

KÖNIGSKERZENBLÜTENSIRUP

50 g Königskerzenblüten
1 l Wasser
1 kg Kristallzucker

Die Königskerzenblüten werden im Wasser mit dem Zucker zum Kochen gebracht. Alles zusammen wird für gut 5 Minuten leicht wallend gekocht. Anschließend werden die Blüten durch ein feines Sieb abgeseiht || Die erhaltene Flüssigkeit wird nochmals kurz zum Kochen gebracht und heiß in Flaschen gefüllt. Die Flaschen rasch verschließen und liegend langsam auskühlen lassen.

KÖNIGSKERZENLIKÖR

2 l Königskerzenblüten
1/2 l milder Brandy
500 g Kandiszucker

Die Blüten in einem Glas mit dem Brandy übergießen und den Kandiszucker dazugeben. Das Glas an einem dunklen, nicht zu warmen Ort aufstellen und den Ansatz täglich gut umrühren. || Nachdem sich der Kandiszucker nach mehreren Tagen aufgelöst hat, werden die Blüten abgeseiht. || Den Likör füllt man in saubere Flaschen und lagert diese kühl und dunkel.

KORNELKIRSCHE

PIKANTE KORNELKIRSCHEN

1 TL schwarze Pfefferkörner
1/2 TL Senfkörner
2 TL Rosenpaprikapulver
etwas Chilipulver
ein paar Wacholderbeeren
1 kg Kornelkirschen, entkernt
500 g Gelierzucker 2:1
Saft von 1 Limette

Die groben Gewürze in einem Mörser etwas zerreiben. In einem Topf die Früchte mit allen Gewürzen für gut 10 Minuten kochen. Zum Schluss noch den Gelierzucker dazugeben und alles zusammen weitere 5 Minuten kochen lassen. || Die Masse heiß in saubere Gläser füllen und diese rasch und gut verschließen. Die Gläser lässt man an einem kühlen Ort ruhig auskühlen und lagert sie dann kühl und dunkel.

☞ **TIPP** Diese pikante Variante der Kornelkirschen ist eine delikate Beilage zu Wildgerichten oder Rindsbraten. Auch beim Grillen passt diese besondere Art der Kornelkirschen ausgezeichnet zum Fleisch.

KORNELKIRSCHENKONFITÜRE

1 kg frische Kornelkirschen, entkernt, bzw. Kornelkirschenmark
Saft von 1 Zitrone
Mark von 1 Vanille
1 kg Gelierzucker 1:1
1 EL Waldhonig

Zum Herstellen des Fruchtmarks werden die Kornelkischen mit etwas Wasser 3 Minuten aufgekocht. Die jetzt weichen Früchte können durch ein Sieb oder mit der Flotten Lotte passiert werden. || Das Fruchtmark wird mit dem Zitronensaft und dem Vanillemark für gut 10 Minuten leicht wallend gekocht. Anschließend wird der Gelierzucker und der Honig dazugegeben und beides gut aufgelöst. Dazu lässt man alles weitere 5 Minuten leicht wallend kochen. || Die Konfitüre heiß in Gläser abfüllen, diese rasch verschließen und zum Auskühlen ruhig stehen lassen.

☞ **TIPP** Das herb-bittere Aroma der Kornelkirschenkonfitüre passt perfekt zu Wildbraten oder Rindfleisch.

KORNELKIRSCHENESSIG

1 kg Kornelkirschen
1 TL Senfkörner
1/2 TL Wacholderbeeren
2 l Rotweinessig

Die Kornelkirschen werden mit den Senfkörnern und Wacholderbeeren für 14 Tage im Essig angesetzt. || Nach diesen 14 Tagen werden die Früchte herausgenommen und der Essig durch ein feines Tuch filtriert.

☞ **TIPP** Kornelkirschenessig schmeckt leicht bitter-herb und passt ideal zu milden Blattsalaten oder als Würze in verschiedensten Saucen.

KORNELKIRSCHENLIKÖR

1 kg frische Kornelkirschen
1 l Weingeist, 96%ig
200 ml Kirschbrand
1 Zimtstange
1 kl. Prise Kardamom
340 g Kristallzucker

Die Kornelkirschen in die Alkohole einlegen und mit den Gewürzen ziehen lassen. || Nach gut 3 Wochen hat sich der Ansatz deutlich rot gefärbt und die Aromen wurden gut ausgelaugt. Jetzt kann man den Ansatz durch ein feines Tuch abseihen und die Früchte leicht ausdrücken. || Dem Ansatz wird jetzt noch der Zucker beigemengt. Nach Wunsch kann man den Ansatz jetzt noch mit Wasser verdünnen – in der Regel gibt man ca. 750 ml frisches Wasser dazu, um einen harmonischen Geschmack zu erhalten. || Den fertigen Likör nun in kleine Flaschen füllen, diese gut verschließen und kühl und dunkel lagern.

☞ **TIPP** Der Kirschbrand verleiht dem Likör einen nussig-schokoladigen Geruch. Kornelkirschenlikör ist durch seine kräftige Säure und den ausgeprägtem Gerbstoff ein sehr erfrischender Likör. Mit Eiswürfeln genossen ist er das ideale Getränk für einen heißen Sommerabend.

KÜMMELLIKÖR

200 g Kümmelsamen
2 l Weingeist, 96%ig
1 kg Kristallzucker
ca. 2,5 l Wasser

Die Kümmelsamen leicht schroten und im Alkohol ansetzen. Nach gut 1 Woche die Samen abseihen und gut abtropfen lassen. || Der erhaltene Alkohol wird nun noch etwas verdünnt und gesüßt. Dazu löst man den Zucker in ca. 2,5 l Wasser gut auf und rührt dann dieses Zuckerwasser in den Alkohol.

☞ **TIPP** Kümmellikör ist ein sehr süßer Likör, den man vor allem auf Eis trinkt.

KÜMMELGEIST

200 g Kümmelsamen
2 l Ansatzkorn
evtl. etwas Honig

Die Kümmelsamen werden für 5 Tage im Ansatzkorn eingelegt. Nach rund 5 Tagen wird alles zusammen in ein kleines Tischbrenngerät gefüllt und der Ansatz langsam erhitzt. Die ersten 20 ml Destillat, die herauskommen werden weggeschüttet, da diese scharf und bitter sind. Das restliche Destillat wird aufgefangen. || Nachdem ca. 1,3 l Destillat gewonnen wurden, wird die Destillation abgebrochen. Das fertige Destillat hat nun ca. 40 % vol und ist genussfertig. Nach Belieben kann es noch mit etwas Honig gesüßt werden. In kleine Fläschchen abgefüllt, ist Kümmelgeist über mehrere Monate haltbar.

☞ **TIPP** Kümmelgeist ist ein Produkt, das vor allem im Norden Europas großen Anklang findet.

KÜRBIS

KÜRBISKONFITÜRE

1 kg Kürbis, geschält und entkernt
etwas Orangenschale, gerieben
etwas Muskat
1 kg Gelierzucker 1:1

Das Kürbisfruchtfleisch wird in kleine Stücke geschnitten und mit der Orangenschale und etwas Muskat in einem Topf für gut 15 Minuten leicht wallend gekocht. Nachdem der Kürbis gut weich gekocht ist, wird der Zucker gut eingerührt und man lässt alles zusammen weitere 5 Minuten leicht wallend kochen. || Zum Schluss die Masse heiß in saubere Gläser füllen und diese rasch verschließen. Zum Auskühlen werden die Gläser an einem kühlen Ort gestellt und ruhig stehen gelassen.

☞ TIPP Kürbismarmelade kann entweder auf das Brot gestrichen oder auch als Fleischbeilage verwendet werden. Hervorragend passt diese Delikatesse auch zu Leberpastete oder ähnlichem.

SÜSS-SAURES KÜRBISGEMÜSE

2 kg Kürbis, geschält und entkernt
2 gr. Zwiebeln
250 g Karotten
250 g Lauch
2 grüne Paprika
1 Chilischote
1 TL Senfkörner
1 TL Wacholderbeeren
1 TL Pfefferkörner
1/2 TL Fenchelkörner
etwas Salz
3 l milder Weißweinessig
etwas Kristallzucker

Das Gemüse (Kürbis, Zwiebeln, Karotten, Lauch, Paprika, Chili) wird in große Stücke geschnitten und mit den Gewürzen im Essig zum Kochen gebracht. Je nachdem, wie süß man das Gemüse haben möchte, wird jetzt noch Zucker beigefügt. Man kann aber auf diesen auch zur Gänze verzichten. || Jetzt lässt man alles zusammen gut 5 Minuten leicht wallend kochen, bis das Gemüse leicht weich geworden ist. Es sollte aber auf keinen Fall verkochen. Idealerweise ist das Gemüse noch etwas fest, wurde aber bis in den Kern heiß gekocht. || Anschließend das Gemüse in saubere Gläser füllen und mit dem kochend heißen Sud übergießen, so dass alles mit dem Sud gut bedeckt ist. Zum Schluss die Gläser rasch fest verschließen und auskühlen lassen. || Die Gläser sollten nun für gut 5 Wochen an einem kühlen und dunklen Ort ziehen. In dieser Zeit entfalten sich die Aromen der Gewürze und ziehen in das Gemüse ein.

☞ TIPP Dieses selbst hergestellte, süß-saure Kürbisgemüse ist eine ausgezeichnete Alternative zu den althergebrachten Essiggurken und verfeinert jede Brettljause.

KÜRBISRELISH

2 rote Zwiebeln
1 Knoblauchzehe
2 EL Kristallzucker
1 Schuss Weißweinessig
500 g Kürbisfleisch
3 Äpfel, geschält und entkernt
1 TL grüne Pfefferkörner
1 EL Curry
etwas Salz
1 Prise Muskat
1 TL Ingwer, gerieben
300 g Gelierzucker 3:1

Die Zwiebeln und den Knoblauch schälen und fein würfelig schneiden. In einem Topf werden diese nun mit dem Zucker goldgelb angeröstet, damit der Zucker etwas karamellisiert. Anschließend wird mit einem guten Schuss Weißweinessig abgelöscht. || Den Kürbis und die Äpfel würfelig schneiden, in den Topf dazugeben und alles einmal aufkochen lassen. || Die Pfefferkörner im Mörser reiben und gemeinsam mit den anderen Gewürzen ebenfalls der kochenden Masse beimengen. Jetzt reduziert man die Hitze etwas und lässt alles ca. 20 Minuten leicht wallend weiterköcheln. || Zum Schluss kommt noch der Gelierzucker hinzu und lässt die Masse weitere 5 Minuten leicht wallend köcheln. Das fertige Relish kochend heiß in Gläser abfüllen und diese rasch verschließen.

☞ **TIPP** Kürbisrelish ist eine pikante Beilage zu feinen Hühnergerichten oder hellem Fleisch.

KÜRBISCHUTNEY

2 weiße Zwiebeln
2 EL Tomatenmark
500 g Kürbisfleisch, würfelig geschnitten
1 TL schwarze Pfefferkörner
1 TL Curry
etwas Salz
300 g Gelierzucker 3:1
1 Schuss Balsamico

Die Zwiebeln fein schneiden und mit dem Tomatenmark in einem Topf etwas anschwitzen. Dann das zuvor würfelig geschnittene Kürbisfleisch dazugeben und alles mit etwas Wasser ablöschen. Die Masse lässt man nun leicht wallend kochen. Nach rund 20 Minuten ist der Kürbis schön zerfallen, der Topf wird vom Herd genommen und man lässt die Masse etwas auskühlen. || Um die gewünschte sämige Konsistenz zu erhalten, wird nun mit einem Pürierstab alles fein zerkleinert. || Die schwarzen Pfefferkörner in einem Mörser leicht zerdrücken und mit den restlichen Gewürzen der pürierten Masse beifügen. Anschließend wird die Masse wieder am Herd zum Kochen gebracht und leicht wallend für weitere 10 Minuten gekocht. || Jetzt gibt man den Gelierzucker zu und lässt die Masse noch weitere 5 Minuten leicht wallend kochen, um den Gelierzucker aufzulösen. || Kurz bevor man das kochend heiße Chutney in Gläser füllt, wird noch mit einem Schuss Balsamico abgeschmeckt. Die Gläser rasch verschließen und zum Auskühlen ruhig stehen lassen.

☞ **TIPP** Wer einmal anstatt des üblichen Tomatenketchups dieses Kürbischutney probiert hat, weiß, was ihm bisher an Geschmack entgangen ist.

LÄRCHE

Bei der Lärche werden die frischen hellgrünen und weichen Triebspitzen (Lärchenwipfel) der Lärchenbäume verwendet. Statt der Lärchenwipfel können auch Fichten- oder Tannenwipfel in den Rezepten verwendet werden. Beim Ernten muss man darauf achten, dass keinesfalls die Spitze des Baumes abgebrochen wird, da dies den Baum im Wachstum stark behindern würde. Die Ernte dieser Triebspitzen erfolgt meist im Mai oder Juni. Nur dann sind sie wirklich weich und hellgrün. Erntet man später, verändert sich der Geschmack in Richtung holzig-bitter.

LÄRCHENHONIG

- 1/4 l Lärchenwipfel
- 1 kg guter, dickflüssiger Waldhonig
- 1 Zimtstange

Die Lärchenwipfel mit dem zuvor leicht erwärmten Honig übergießen. Um den Honig leicht zu erwärmen, wird er für gut 1 Stunde in ein ca. 40 °C warmes Wasserbad gestellt. Honig sollte man nie über 50 °C erwärmen, da sonst die wichtigen Inhaltsstoffe verloren gehen. Jetzt noch die Zimtstange hineinlegen und alles zusammen nun an einem kühlen, dunklen Ort für ein paar Wochen ziehen lassen. || Nach dieser Zeit werden die Lärchenwipfel und die Zimtstange wieder herausgenommen und lässt sie in einem Sieb gut abrinnen.

☞ **TIPP** Dieser Honig ist etwas ganz besonderes am Frühstückstisch. Auch als natürliches Süßungsmittel für Tee oder andere Getränke ist dieser Honig hervorragend geeignet.

LÄRCHENLIKÖR

1 l frische Lärchenwipfel
etwas Zitronenschale, gerieben
2 l Wodka
400 g Blütenhonig
1 Prise Vanillezucker

Die frischen Lärchenwipfel und ein klein wenig geriebene Zitronenschale werden für gut 14 Tage im Wodka an einem lichtgeschützten, aber nicht zu kalten Ort angesetzt. || Nach ca. 2 Wochen seiht man diesen Ansatz durch ein feines Tuch und drückt dieses dann mit den Händen leicht aus. || Der so erhaltene Lärchenauszug wird nun mit dem Blütenhonig gesüßt und mit einer Prise Vanillezucker abgeschmeckt. Fertig ist ein köstlich frisch-harziger Lärchenwipfellikör aus Großmutters Küche.

LÄRCHENESSIG

1/2 l frische Lärchenwipfel
1 l feiner Weißweinessig
50 g brauner Kandiszucker

Die Lärchenwipfel werden in den Weißweinessig eingelegt und der Kandiszucker dazugegeben. Diesen Ansatz lässt man nun für gut 10 Tage an einem dunklen, nicht zu kalten Ort stehen. Während dieser Zeit rührt man den Ansatz des Öfteren um, um die Auslaugung zu verbessern und den Zucker zu lösen. || Nach den ca. 10 Tagen wird der Ansatz dann abgeseiht. Um den Essig gut haltbar zu machen, wird er vor dem Füllen noch kurz auf ca. 55 °C erwärmt und dann in Flaschen gefüllt. Die Flaschen lässt man nach dem Füllen liegend auskühlen.

☞ **TIPP** Lärchenessig ist hervorragend als Speisewürze oder für Blattsalate geeignet. Der feine Harzgeschmack bringt Raffinesse in Ihre Küche.

LAVENDEL

LAVENDELSIRUP

1 l Wasser
1,3 kg Kristallzucker
Saft von 1 mittleren Zitrone
1/2 l Lavendelblüten

Das Wasser wird erhitzt und der Zucker mit dem Zitronensaft eingerührt. Zum Auflösen des Zuckers lässt man alles für ca. 5 Minuten leicht wallend kochen. || Das heiße Zuckerwasser lässt man nun auf ca. 55 °C auskühlen, gießt es anschließend über die frischen Lavendelblüten und lässt den Sirup 2 Tage ziehen. || Anschließend seiht man die Blüten ab und drückt diese in einem feinen Tuch leicht aus. Der erhaltene Sirup wird jetzt noch einmal in einem Topf auf ca. 85 °C erhitzt und anschließend heiß in Flaschen gefüllt. Die Flaschen rasch und fest verschließen und zum Auskühlen umlegen. Die ausgekühlten Flaschen dann möglichst kühl und dunkel lagern.

☞ **TIPP** Die Lavendelblüten pflückt man am besten an einem heißen Tag, damit auch wirklich viel Aroma vorhanden ist. Keinesfalls sollte nach einem Regen geerntet werden. Wenn der Lavendel von vielen Bienen beflogen wird, ist das ein gutes Zeichen, denn die Bienen werden vom Duft des Nektars in den Blüten angelockt. Dieser Nektar ist auch der Geschmacksträger des Lavendelaromas für den Sirup.

LAVENDELLIKÖR

1 l frische Lavendelblüten
2 l milder Wodka von guter Qualität
250 g Kristallzucker

Die frischen Lavendelblüten werden für ca. 7 Tage in den Wodka eingelegt. || Im Anschluss werden die Blüten durch ein feines Tuch abgeseiht. || Der Zucker wird nun in ca. 200 ml heißem Wasser aufgelöst. Jetzt rührt man das Zuckerwasser dem Lavendelansatz unter gutem Rühren langsam zu. || Abschließend den Likör auskühlen lassen und abfüllen.

☞ **TIPP** Lavendellikör hat eine beruhigende Wirkung und passt an einem heißem Sommertag perfekt in ein Glas Prosecco als mediterrane Erfrischung.

LAVENDELGEIST

1/4 l frische Lavendelblüten
1 l milder Wodka
1 Limette

Die Lavendelblüten für ca. 12 Stunden im Wodka ansetzen. || Die Limette in Scheiben schneiden und dem Ansatz beifügen. Anschließend wird der Ansatz in ein Tischbrenngerät gefüllt, auf kleiner Flamme langsam erhitzt und destilliert. Nachdem man ca. 750 ml Destillat aufgefangen hat, wird der Destillationsvorgang beendet. || Das erhaltene Destillat wird nun in Flaschen gefüllt und aufbewahrt.

☞ TIPP Lavendelgeist ist etwas ganz Besonderes und kann als Gewürz bei diversen Braten oder auch als Aperitif verwendet werden.

LAVENDELESSIG

1/2 l kräftig duftende Lavendelblüten
1 l guter Weißweinessig

Die frisch geernteten Lavendelblüten werden in den Essig eingelegt. Der Ansatz wird nun für rund 14 Tage an einen dunklen, nicht zu kühlen Ort gestellt. || Nach den gut 2 Wochen werden die Blüten durch ein feines Tuch abgeseiht. || Vor dem Abfüllen wird der Essig noch auf ca. 55 °C erwärmt. Anschließend den Essig in Flaschen füllen, diese rasch und fest verschließen und liegend auskühlen lassen.

☞ TIPP Lavendelessig bringt einen mediterranen, blumigen Hauch in die Küche. Als Gewürz verwendet, entfaltet diese Köstlichkeit ihre wahren Vorzüge.

LIMETTE

DIREKT GEPRESSTER LIMETTENSAFT

2 kg frische Limetten

Die Limetten halbieren und gut auspressen. Den erhaltenen frischen Limettensaft kann man durch ein feines Sieb seihen, um die größten Trubstoffe herauszuholen. || Den Saft anschließend in einem Topf auf 85 °C erwärmen und noch heiß in Flaschen abfüllen, diese sofort verschließen und liegend auskühlen lassen.

☞ **TIPP** Dieser Limettensaft ist vielfach verwendbar – aufgespritzt mit Soda als Erfrischungsgetränk genauso wie als Würze bei Fischgerichten oder ähnlichem.

LIMETTENSIRUP

2 kg Limetten
1 kg Kristallzucker

Die Limetten halbieren und gut ausgepressen. Der erhaltene Saft wird mit einem feinen Sieb von den gröbsten Trubstoffen befreit und dann in einem Topf erwärmt. || Dem warmen Saft fügt man nun den Kristallzucker bei und erhitzt die Masse so lange, bis sie leicht zu wallen beginnt. || Nachdem sich der Zucker unter ständigem Rühren aufgelöst hat, füllt man den Sirup in Flaschen ab. Die Flaschen rasch verschließen und an einem kühlen Ort liegend auskühlen lassen.

☞ **TIPP** Limettensirup ist ein ideales Erfrischungsgetränk an heißen Sommertagen. Im Winter bringt dieser Sirup Vitamine und Frische in viele Tees.

PIKANTE LIMETTENMARMELADE

1 kg Limetten
grüne Pfefferkörner
1 kg Gelierzucker 1:1

Von den Limetten werden etwa 3 EL Schale geraspelt. Anschließend werden die Limetten filetiert und gemeinsam mit der Schale und den Pfefferkörnern in einem Topf zum Kochen gebracht. Nun lässt man die Masse rund 10 Minuten leicht wallend köcheln. || Der kochenden Masse wird dann der Gelierzucker beigefügt und dieser gut eingerührt. Jetzt lässt man alles noch ca. 5 Minuten leicht wallend kochen. Die fertige Marmelade in Gläser abfüllen, diese rasch und fest verschließen und an einem ruhigen Ort auskühlen lassen.

☞ **TIPP** Limettenmarmelade ist eine hervorragende Beilage zu Fischgerichten oder asiatischen Speisen.

LIMETTENGEIST

500 g frische Limetten
700 ml Weingeist, 96%ig
etwas Ingwer
1/2 l Wasser
2 EL Akazienhonig
(wahlweise auch Blüten- oder Alpenrosenhonig)

Die Limetten werden in dünne Scheiben geschnitten und für mindestens 24 Stunden mit dem Alkohol und dem Ingwerstück angesetzt. || Den Ansatz mitsamt den Früchten und dem Wasser füllt man dann in ein Tischbrenngerät und erwärmt alles langsam, bis die ersten Tropfen aus dem Kühler kommen. Nachdem man rund 1 l Destillat aufgefangen hat, wird der Destillationsvorgang beendet. || Das erhaltene Destillat wird nun mit etwas Honig gesüßt und in Flaschen gefüllt.

☞ **TIPP** Genossen wird diese Spezialität in einem Whiskyglas mit einem Eiswürfel. So serviert, ist es ein hervorragender Appetitanreger vor einem gediegenen Mahl.

LIMETTENLIKÖR

1 kg Limetten
800 ml Weingeist, 96%ig
280 g Kristallzucker

Die Limetten werden in dünne Scheiben geschnitten und für 10 Tage im Alkohol angesetzt. || Nach gut 10 Tagen werden die Limettenscheiben herausgeholt und gut ausgedrückt. Der Limettenlikör bekommt durch das vorhandene Fruchtfleisch eine besondere Note und etwas mehr Geschmack. || Um einen klaren Likör zu erhalten, stellt man den Ansatz nun noch ein paar Tage an einem kühlen, dunklen Ort, bis sich die Trubstoffe abgesetzt haben. Anschließend den klaren Ansatz vorsichtig in ein weiteres Gefäß leeren, um es vom Trub zu trennen. || Abschließend wird der Zucker in 100 ml heißem Wasser aufgelöst, das ausgekühlte Zuckerwasser fügt man dann dem Ansatz bei. Den fertigen Likör in Flaschen abfüllen, diese gut verschließen und kühl und dunkel lagern.

☞ **TIPP** Limettenlikör ist ein Spiel aus Süße, Säure und der Bitterkeit der Schalen.

LINDENBLÜTE

LINDENBLÜTENESSIG

1/2 l frisch gepflückte Lindenblüten
ein paar Korianderkerne
1 l kräftiger Weißweinessig

Die frischen Lindenblüten werden mit den Korianderkernen im Essig für gut 2 Wochen angesetzt. || Nach diesen gut 14 Tagen werden die Blüten und die Körner herausgenommen. Das geht am besten, indem man sie durch ein feines Tuch abseiht. || Der Essig wird vor dem Abfüllen noch auf 55 °C erwärmt und noch heiß in Flaschen gefüllt. Die Flaschen rasch verschließen und liegend auskühlen lassen.

LINDENBLÜTENLIKÖR

1/2 l frische Lindenblüten
Mark von 1/2 Vanilleschote
1 l Weingeist, 96%ig
etwas Lindenblütenhonig (wahlweise auch Akazienhonig)

Die Lindenblüten werden mit dem Vanillemark in Alkohol für ca. 10 Tage angesetzt. || Im Anschluss wird alles durch ein sehr feines Tuch abgeseiht. Der jetzt noch hochprozentige Ansatz wird nun im Verhältnis von ca. 1 Teil Ansatz zu 2 Teilen frischem Wasser vermischt. || Zum Schluss wird noch mit etwas Honig abgeschmeckt, damit der Likör eine milde Süße erhält. || Abschließend den Likör in kleine Flaschen abfüllen, diese gut verschließen und kühl und dunkel lagern.

GETROCKNETE LINDENBLÜTEN

frisch gepflückte Lindenblüten

Die Lindenblüten werden nach dem Pflücken auf einem Tuch dünn aufgelegt und an einem luftigen Ort getrocknet. Dabei soll darauf geachtet werden, dass keine direkte Sonne auf die Blüten scheint, da dies zu Aromaveränderungen führen würde.

MANDARINE

MANDARINENESSIG

1 kg Mandarinen, geschält
etwas Limettenschale, gerieben
2 l kräftiger Weißweinessig

Die geschälten Mandarinen werden in Scheiben geschnitten und zusammen mit der geriebenen Limettenschale im Essig für 14 Tage angesetzt. Der Ansatz soll an einem nicht zu kühlen, aber dunklen Ort aufgestellt werden, um die Aromen und Farben vor UV-Licht zu schützen. || Nach rund 2 Wochen werden die Fruchtstücke durch ein feines Tuch abgeseiht. Den erhaltenen Essig in einem Topf auf ca. 55 °C erwärmen, dann rasch in Flaschen abfüllen und diese sofort fest verschließen. Zum Auskühlen lässt man die Flaschen liegend auskühlen.

MANDARINENLIKÖR

1 kg Mandarinen, geschält
1 l milder Brandy oder Weinbrand
270 g Kristallzucker
3 EL Blütenhonig (Akazien- oder Alpenrosenhonig)

Die geschälten Mandarinen werden in Scheiben geschnitten und im Alkohol für ca. 10 Tage angesetzt. Während dieser Zeit rührt man den Ansatz des Öfteren mit einem Kochlöffel um. || Im Anschluss wird der Ansatz durch ein feines Tuch abgesiebt, so erhalten Sie einen hervorragenden Mandarinenauszug. || Dieser Auszug wird nun noch mit dem Zucker und dem Honig gesüßt und je nach Belieben mit etwas frischem Wasser verdünnt, damit der Alkohol nicht zu sehr in den Vordergrund tritt. In der Regel braucht man das Wasser jedoch nicht, da der Alkohol ohnedies schon durch den Saft der Mandarinen verdünnt wurde. Der Zucker löst sich am besten, wenn er in 100 ml heißes Wasser eingerührt und dann dem Ansatz beigefügt wird. || Den fertigen Likör in kleine Flaschen abfüllen, diese gut verschließen und kühl und dunkel lagern.

MANDARINENKOMPOTT

500 Mandarinenspalten, geschält
2 l Wasser
250 g Kristallzucker
1 Zimtstange
1 Sternanis
1 Vanilleschote

Die geschälten Mandarinenspalten werden sauber von den weißen Schalenteilen gereinigt. || In einem Topf erhitzt man das Wasser und löst den Zucker darin auf. Nach Zugabe von Zimt, Sternanis und Vanille lässt man das Zuckerwasser leicht wallend kochen. Nach gut einer Viertelstunde nimmt man den Topf vom Herd, fischt mit einem Schöpfer die Gewürze wieder heraus und stellt den Topf zurück auf den Herd. || Jetzt gibt man die Mandarinenspalten dazu und lässt alles leicht wallend weiterkochen. || Nach weiteren 5 Minuten ist das Kompott fertig und kann in Gläser abgefüllt werden. Die Gläser rasch verschließen und langsam auskühlen lassen.

MANDARINENMARMELADE

1 kg Mandarinen, geschält
1 kg Gelierzucker 1:1
1 Schuss milder Cognac oder Brandy

Die Spalten der geschälten Mandarinen in kleine Stücke schneiden. In einem Topf die Mandarinenstücke langsam erhitzen, bis sie leicht zu wallen beginnen. Nun lässt man diese für gut 10 Minuten leicht wallend weiterkochen. || Im Anschluss den Gelierzucker gut einrühren und alles zusammen für weitere 5 Minuten leicht wallend weiterkochen lassen. || Zum Schluss wird das Ganze noch mit dem Cognac abgeschmeckt und die Masse heiß in Gläser abgefüllt. Die Gläser werden rasch verschlossen und zum Auskühlen an einem ruhigen Ort aufgestellt.

MANDARINENMARMELADE „BLUE ISLAND"

1 kg Mandarinen, geschält
1 kg Gelierzucker 1:1
1 ml Blue Curacao
1 TL grüne Pfefferkörner

Die geschälten Mandarinenspalten werden in kleine Stücke geschnitten. In einem Topf werden die Fruchtstücke mit den Pfefferkörnern für rund 10 Minuten leicht wallend gekocht. || Anschließend den Gelierzucker einrühren und alles zusammen weitere 5 Minuten leicht wallend weiterkochen lassen. Kurz bevor man die Masse abfüllt, wird der Blue Curacao eingerührt. || Jetzt alles noch einmal kurz aufwallen lassen, anschließend rasch in Gläser abfüllen und an einem kühlen, ruhigen Ort zum Auskühlen aufstellen.

MANDEL

MANDELADE

200 g Mandeln
150 g Sonnenblumenkerne
5 Äpfel
Saft von 1 Limette
500 g Gelierzucker 3:1
1 Prise Zimt

Die Mandeln und Sonnenblumenkerne werden für gut 12 Stunden in Wasser eingeweicht, anschließend abgeseiht und fein püriert. || Die Äpfel schälen und entkernen, anschließend fein raspeln und mit dem Limettensaft vermengen. || Die geraspelten Äpfel nun mit den pürierten Mandeln und Sonnenblumenkernen gut vermengen. Diese Masse wird in einem Topf erhitzt und für ca. 5 Minuten leicht wallend gekocht. Nun den Gelierzucker dazugeben und alles zusammen weitere 5 Minuten leicht wallend kochen lassen und mit 1 Prise Zimt abschmecken. || Kochend heiß in Gläser abfüllen, diese rasch verschließen und zum Auskühlen ruhig stehen lassen.

☞ **TIPP** Diese Zubereitung ist eine nussig-pikante Abwechslung am Frühstückstisch. Als Variante kann man anstatt des Zimts auch Minzblätter oder Zitronenmelisse mitverarbeiten. Diese zwei Varianten sind erfrischend und schmecken besonders im Sommer.

MANDELHONIG

1 kg kräftiger Waldhonig
gut 1 kg gute Mandeln
1 Prise Zimt

Der Honig wird in ein rund 40 °C warmes Wasserbad gestellt, damit er schön dünnflüssig wird. Die Mandeln werden in Gläser gefüllt, bis die Gläser bis knapp unterhalb des Glasrandes gut gefüllt sind. Anschließend wird noch 1 Prise Zimt dazugegeben. || Jetzt die Gläser verschließen und ein paar Mal gut schütteln, damit sich der Zimt etwas verteilen kann. Nun öffnet man die Gläser wieder und füllt die Hohlräume mit dem leicht angewärmten Honig auf. Dabei muss man darauf achten, dass keine Luftblasen zurückbleiben. || Die Mandeln lässt man nun für ein paar Wochen an einem kühlen und vor allem dunklen Ort ziehen.

☞ **TIPP** Die Honigmandeln sind hervorragend als Dekoration von diversen Desserts geeignet. So ist z.B. ein Vanilleeisbecher mit Honigmandeln und einem kleinen Schuss Eierlikör etwas Ausgezeichnetes.

MANDEL-SCHOKO-CRÈME

500 g Mandeln, geröstet
400 g Kristallzucker
3 EL Milchschokolade, gerieben
1/4 l Wasser

Die Mandeln werden fein gerieben und mit dem Zucker sowie der geriebenen Schokolade gut vermengt. || Zusammen mit dem Wasser kocht man die Mandel-Schoko-Mischung nun für gut 15 Minuten auf kleiner Flamme etwas ein. Nach gut 15 Minuten wird die Crème kochend heiß in Gläser gefüllt, welche rasch verschlossen werden.

MANDELLIKÖR

100 g Mandeln
1/2 l Wodka
150 g Kristallzucker

Die Mandeln werden im Backrohr bei ca. 60–70 °C Heißluft so lange geröstet, bis diese schön braun werden und knackig sind. Anschließend nimmt man sie aus dem Backrohr und lässt sie auskühlen. || Die ausgekühlten Mandeln hackt man nun mit einem Wiegemesser klein und legt sie für gut 14 Tage in Alkohol ein. Anschließend wird der Ansatz durch ein feines Tuch gesiebt. || Der Zucker wird in 80 ml heißem Wasser aufgelöst und anschließend in den Alkohol eingerührt. Die Intensität des Likörs hängt von der Röstung der Mandeln ab und kann durch eine kräftigere Röstung verstärkt werden. || Den fertigen Mandellikör in kleine Flaschen abfüllen, diese gut verschließen und kühl und dunkel lagern.

MANDELGEIST

200 g Mandeln
1 l Weingeist, 96%ig
evtl. etwas Akazienhonig

Die Mandeln werden im Backrohr bei ca. 60 °C Heißluft so lange geröstet, bis sie schön braun sind und beim Brechen kräftig knacken. Während des Trocknens sollten die Mandeln mit einem Kochlöffel immer wieder gewendet werden, um ein Anbrennen zu vermeiden. Nachdem die Mandeln schön braun geröstet sind, nimmt man sie aus dem Ofen und lässt sie auskühlen. || Die kalten Mandeln werden dann mit einem Wiegemesser etwas zerkleinert und im Alkohol für 2 Tage angesetzt. Keinesfalls sollten die Mandeln im Küchengerät zerkleinert werden, da beim Zerkleinern sich die Mandeln erwärmen und dadurch die feinen Öle sehr viel Aroma verlieren. || Nach ca. 2 Tagen gibt man den Ansatz in ein Tischbrenngerät, füllt mit 1 l Wasser auf, verschließt es und destilliert auf kleinster Flamme. Nachdem rund 1,5 l Destillat aufgefangen wurde, wird der Destillationsvorgang beendet. Das Destillat wird mit ca. 400 ml frischem Trinkwasser verdünnt und kann noch mit etwas Honig gesüßt werden.

☞ **TIPP** Mandelgeist kann auf Eis genossen oder auch sonst vielfältig in der Küche als Gewürz eingesetzt werden.

MANGO

MANGOKONFITÜRE

500 g Mangos, geschält und entkernt
Saft von 2 Orangen
500 g Gelierzucker 1:1

Die Mangos werden in 1 cm kleine Würfel geschnitten und mit dem Orangensaft beträufelt. || In einem Topf werden dann die Fruchtstücke mit dem Orangensaft zum Kochen gebracht und für ca. 15 Minuten leicht wallend gekocht. || Jetzt gibt man den Gelierzucker zu und lässt die Masse für weitere 5 Minuten kochen. || Die nun fertige Konfitüre wird kochend heiß in Gläser abgefüllt, welche rasch verschlossen werden.

MANGOKOMPOTT

200 g Kristallzucker
1,5 l Wasser
5 Gewürznelken
5–8 Minzblätter (wahlweise 1 Schuss Minzsirup)
500 g Mangos, geschält und entkernt
Saft von 1 Orange

Der Zucker wird im Wasser aufgelöst und mit den Gewürznelken und den Minzblättern für rund 15 Minuten leicht wallend gekocht. || Nach rund 15 Minuten fischt man die Gewürze und Kräuter aus dem Zuckerwasser. Dazu sollte man den Topf vom Herd nehmen. || Das Fruchtfleisch der Mangos wird in mundgerechte Stücke geschnitten und mit dem Orangensaft beträufelt. Jetzt gibt man die Mangostücke in das leicht wallende Zuckerwasser und lässt die Masse weitere 8 Minuten kochen, bevor man das Kompott kochend heiß in Gläser abfüllt. Die Gläser rasch verschließen und langsam auskühlen lassen.

MANGOCHUTNEY

500 g Mangos, geschält und entkernt
2 Äpfel
2 rote Zwiebeln
2 EL Currypulver
1 Prise Muskat
1 EL grüner Pfeffer
etwas Koriander
1 Zimtstange
1 Schuss Weißweinessig
200 g Gelierzucker 3:1

Die Mangos, Äpfel und Zwiebeln werden in kleine Stücke geschnitten und mit ein wenig Wasser in einem Topf zum Kochen gebracht. Leicht wallend wird so lange gekocht, bis die Fruchtstücke schön zerfallen. Jetzt nimmt man den Topf vom Herd und lässt die Masse etwas auskühlen. || Anschließend werden die Fruchtstücke mit einem Pürierstab zu einem feinen Brei püriert. Dem nun cremig-feinen Fruchtbrei werden die Gewürze beigefügt. Dazu werden die Pfefferkörner zuvor in einem Mörser leicht zerrieben. Den Fruchtbrei mit den Gewürzen kocht man nun für weitere 15–20 Minuten und schmeckt abschließend mit einem guten Schuss Weißweinessig ab. || Die Zimtstange wird nun herausgefischt, anschließend wird die kochend heiße Masse in Gläser abgefüllt. Um die Haltbarkeit zu gewährleisten, werden die gefüllten Gläser rasch verschlossen und man lässt sie langsam auskühlen.

MANGOLIKÖR

500 g Mangos, geschält und entkernt
Saft von 1 Orange
150 g Blütenhonig (Akazienblütenhonig)
100 ml Weingeist, 96%ig

Die Mangos werden in kleine Stücke geschnitten und mit dem Orangensaft beträufelt. In einem Topf wird das Fruchtfleisch nun weich gekocht und lässt es anschließend etwas auskühlen. Die ausgekühlte Masse wird durch ein feines Sieb passiert. Dieses Fruchtmark mischt man nun mit dem Honig und dem Alkohol.

☞ **TIPP** Dieser fruchtig-exotische Likör sollte vor dem Genießen gut geschüttelt werden, da sich das Fruchtfleisch, welches dem Likör seinen Fruchtgeschmack verleiht, am Boden absetzen kann.

MARILLENCHUTNEY

1 1/2 kg Marillen, entsteint
1/2 kg Zwiebeln, gehackt
3 Knoblauchzehen, gehackt
2 EL Rosinen
300 g Kristallzucker
1 TL Zimt
50 ml Weißweinessig
etwas Salz und Pfeffer
evtl. etwas Ingwer, gerieben
evtl. etwas Chili

Marillenkonfitüre kennt jeder, aber Marillen als würzige Fleischbeilage ist vielen etwas Neues. Hier eine Variation, die ich selbst schon des Öfteren gemacht habe, und die ich vor allem zu gegrilltem Fleisch hervorragend finde.

Die Marillen werden etwas zerkleinert und mit den restlichen Zutaten in einem Topf unter gelegentlichem Umrühren auf kleiner Flamme leicht wallend gekocht. Je nach Geschmack kann mit etwas geriebenem Ingwer noch ein wenig Schärfe in das Chutney gebracht werden. Auch Chilischoten können die gewünschte Schärfe bringen. || Die Masse lässt man so lange köcheln, bis diese gut eingedickt ist. || Anschließend das Chutney in saubere Gläser füllen, diese rasch fest verschließen und zum Abkühlen ruhig stehen lassen.

MARILLEN-TOMATEN-CHUTNEY

500 g Marillen, entsteint
400 g Tomaten
100 ml Weißweinessig
350 g Gelierzucker 3:1
3 TL Currypulver
Salz
Pfeffer

Die Marillen in kleine Stücke schneiden. Die Tomaten kreuzweise an der Spitze einschneiden und in kochend heißem Wasser kurz blanchieren, herausnehmen und in kalten Wasser abschrecken. Jetzt lässt sich die Haut der Tomaten leicht entfernen, anschließend wird die Frucht dann in kleine Stücke geschnitten. || Die klein geschnittenen Marillen und Tomaten nun mit dem Essig für ca. 5 Minuten weich kochen und dabei gut umrühren. Anschließend den Gelierzucker sowie das Currypulver dazugeben und alles zusammen weitere 5 Minuten leicht wallend kochen lassen. || Jetzt noch mit Salz und Pfeffer abschmecken. || Die kochend heiße Masse in Gläser füllen, diese sofort verschließen und an einem ruhigen Ort langsam auskühlen lassen.

☞ **TIPP** Gegrilltes Hühnerfleisch mit diesem Chutney macht eine Grillfeier zu einem kulinarischem Erlebnis.

MARILLENKONFITÜRE MIT ZITRONENMELISSE

2 kg Marillen
2 kg Gelierzucker 1:1
1/8 l Blätter der Zitronenmelisse

Die Marillen werden entsteint in Spalten geschnitten und in einem Topf weich gekocht. Nach ca. 15 Minuten sprudelndem Kochen wird der Gelierzucker eingerührt und man lässt alles zusammen weitere 4 Minuten leicht wallend kochen. || Zum Schluss werden die fein gehackten Blätter der Zitronenmelisse eingerührt und alles nochmals kurz aufgekocht. || Anschließend die Konfitüre noch heiß in saubere Gläser füllen, diese sofort verschließen und zum Auskühlen ruhig stehen lassen.

MARILLENKONFITÜRE MIT GEIST

1 kg Marillen
1 kg Gelierzucker 1:1
Saft von 1 Zitrone
1 TL Zitronenschale, geraspelt
1/8 Amaretto (wahlweise auch Haselnussgeist)

Die Marillen entsteinen und in Spalten schneiden. In einem Topf die Marillenspalten mit dem Gelierzucker, dem Zitronensaft und der geraspelten Zitronenschale vermengen und für ca. 6 Stunden ziehen lassen. || Das Ganze danach in einem Topf für ca. 5 Minuten leicht wallend kochen lassen und kurz vor dem Abfüllen den Amaretto dazugeben. || Die Konfitüre schnell heiß abfüllen und zum Auskühlen ruhig stehen lassen.

MARILLENKOMPOTT

280 g Kristallzucker
1 Schuss Jamaikarum (wahlweise auch Brandy)
2 l Wasser
10 Minzblätter
1 Zimtstange
5 Gewürznelken
1/2 Vanilleschote
Saft von 2 Limetten
1 kg Marillenhälften, entsteint

In einem Topf wird der Zucker leicht karamellisiert und mit 1 Schuss feinem Jamaikarum abgelöscht. Dem abgelöschten Zucker gibt man das Wasser, die Kräuter, die Gewürze sowie den Limettensaft bei. || Nachdem alles ca. 15 Minuten leicht wallend gekocht hat, werden die Kräuter und Gewürze mit einem Schöpfer herausgefischt. Dazu wird der Topf am besten kurz vom Herd genommen. Jetzt stellt man den Topf wieder zurück auf den Herd, gibt die Marillenhälften dazu und lässt alles zusammen weitere 8 Minuten leicht wallend kochen. || Anschließend das Kompott in Gläser abfüllen und diese rasch verschließen.

MAULBEERE

MAULBEERKONFITÜRE

1 kg schwarze Maulbeeren
Saft von 2 Zitronen
1 kg Gelierzucker 1:1

Die Maulbeeren zusammen mit dem Zitronensaft rund 10 Minuten leicht wallend kochen lassen. || Anschließend den Gelierzucker gut einrühren und die Masse noch weitere 5 Minuten leicht wallend kochen lassen. || Die heiße Konfitüre dann rasch in Gläser abfüllen und diese rasch verschließen. Zum Auskühlen lässt man die Gläser an einem kühlen Ort ruhig stehen.

MAULBEERKONFITÜRE „HERZHAFT-SPICY"

2 EL schwarze Pfefferkörner
Saft von 2 Zitronen
1 kg schwarze Maulbeeren
1 kg Gelierzucker 1:1

Die Pfefferkörner werden in einem Mörser leicht zerdrückt. || Zusammen mit den Pfefferkörnern und dem Zitronensaft werden die Maulbeeren für rund 10 Minuten leicht wallend gekocht. Anschließend den Gelierzucker dazugeben und die Masse für weitere 5 Minuten leicht wallend kochen lassen. || Die heiße Masse wird in Gläser abgefüllt, welche rasch verschlossen werden. Zum Auskühlen stellt man die Gläser dann an einen ruhigen und kühlen Ort.

TIPP Diese Variante der Maulbeerkonfitüre schmeckt hervorragend zu Wildgerichten oder anderen dunklen Fleischsorten.

MAULBEERLIKÖR

2 kg frische Maulbeeren
600 g Kristallzucker
1 l Wodka
1 l Brandy

Die Maulbeeren für 10 Minuten leicht wallend kochen und anschließend auskühlen lassen. Mit der Flotten Lotte oder einem feinen Tuch wird dann der Saft von den Kernen und Beerenhäuten getrennt. || Dieser Saft wird jetzt mit dem Zucker vermengt, noch einmal leicht erwärmt und so lange gerührt, bis sich der Zucker zur Gänze aufgelöst hat. || Nun werden der Wodka und der Brandy dazugegeben. Dabei wird mit einem Lochlöffel langsam umgerührt, sodass sich die Flüssigkeiten gut vermischen. || In Flaschen gefüllt und fest verschlossen hält sich der Likör für mehrere Monate.

☞ **TIPP** Maulbeerlikör ist durch seinen typischen und milden Geschmack eine besondere Köstlichkeit. Auf Vanilleeis oder zum Schokomousse ist dieser Likör ein unvergessliches Geschmackserlebnis.

MAULBEERESSIG

500 g frische Maulbeeren
1 kl. Zweig Rosmarin
2 l kräftiger Rotweinessig

Die Maulbeeren werden zusammen mit dem Rosmarinzweig im Rotweinessig für gut 2 Wochen angesetzt. || Im Anschluss werden die Beeren und der Rosmarinzweig mit einem feinen Tuch abgeseiht und leicht ausgedrückt. || Der Essig wird jetzt noch auf rund 55 °C erwärmt und sofort in Flaschen gefüllt. Die Flaschen rasch verschließen und liegend auskühlen lassen.

MELISSENSIRUP

1/2 l Melissenblätter oder 1/2 l rote Blütenblätter der Goldmelisse (Indianernessel)
1 l Wasser
1 kg Kristallzucker
10 g Zitronensäure

Die Melissenblätter oder die Blütenblätter der Goldmelisse werden an einem warmen sonnigen Tag von den Blütenköpfen gezupft. || Das Wasser erhitzen, dann den Zucker und die Zitronensäure darin gut auflösen. Das Zuckerwasser anschließend auf ca. 55 °C abkühlen lassen und über die Blüten leeren. || Diesen Ansatz lässt man 24 Stunden kühl und dunkel stehen. Anschließend werden die Blüten abgeseiht, indem man alles durch ein feines Tuch gießt und dieses dann kräftig ausdrückt. || Der kräftig rote Saft wird nun noch einmal auf 80 °C erhitzt, dann sofort in Flaschen gefüllt und diese rasch verschlossen. Die Flaschen liegend auskühlen lassen und dann kühl und dunkel lagern.

MELISSENLIKÖR

2 l Melissenblätter
1 l Weingeist, 96%ig
1,5 l frisches und weiches Wasser
800 g Kristallzucker

Die Melissenblätter werden in 2 Portionen geteilt. Die erste Portion wird dann für 24 Stunden in den Alkohol eingelegt und anschließend wieder herausgenommen. Um nicht zu viel Alkohol zu verlieren, werden die Blätter nach dem Herausnehmen mit den Händen leicht ausgedrückt. || Jetzt gibt man die zweite Portion in den Alkohol und lässt sie ebenfalls für 24 Stunden darin ziehen. Auch diese wird danach wieder herausgenommen und mit den Händen leicht ausgedrückt. || Anschließend den Zucker im Wasser auflösen und diesen dem Alkohol beimengen. Allfällige Trübungen, die jetzt entstehen können, sind Melissenöle, die ausflocken. Das ist kein Fehler, sondern vielmehr ein Zeichen dafür, dass man viel und gute Melisse verwendet hat.

☞ **TIPP** Die floral-frischen Öle der Melisse, kombiniert mit dem kräftigen Zucker und dem Alkohol, sind ein interessantes Spiel am Gaumen.

MELISSENGEIST

/2 l frische Melissenblätter
1,5 l Wodka
evtl. etwas Blütenhonig

Die Melissenblätter werden für 6–8 Stunden im Alkohol eingelegt. Anschließend wird der Ansatz in ein Tischbrenngerät gefüllt und langsam erhitzt, bis es zu tropfen beginnt. Nachdem man rund 700 ml Destillat erhalten hat, wird die Destillation beendet. || Das erhaltene Destillat ist ziemlich hochprozentig und muss daher noch mit etwas Wasser verdünnt werden. || Um den Geschmack noch mehr abzurunden, kann der Melissengeist mit etwas Blütenhonig gesüßt werden.

MELISSENESSIG

1/2 l Melissenblätter
Saft von 1/2 Zitrone
1 l kräftiger Weißweinessig

Die Melissenblätter werden mit dem Zitronensaft und dem Weinessig für ca. 1 Woche angesetzt. Der Ansatz wird an einem lichtgeschützten, aber nicht zu kühlen Ort aufgestellt. Während der Woche wird der Ansatz mehrmals mit einem Kochlöffel leicht umgerührt, sodass sich die Auslaugung der Blätter verbessert. || Nach diesen ca. 7 Tagen werden die Blätter durch ein feines Tuch abgeseiht und dieses leicht ausgedrückt. Der Essig wird nun auf ca. 55 °C erwärmt und rasch in Flaschen gefüllt. Die Flaschen sofort verschließen und liegend auskühlen lassen.

GOLDMELISSENGELEE

2 l Wasser
Saft von 4 Limetten
2 l Blüten der Goldmelisse
2 kg Gelierzucker 1:1

Das Wasser mit dem Limettensaft auf gut 55 °C erwärmen und heiß über die Blüten leeren. Dieser Ansatz wird für ca. 24 Stunden stehen gelassen. || Nach rund 24 Stunden werden die Blüten durch ein feines Tuch abgeseiht und dieses mit der Hand leicht ausgedrückt. || Der erhaltene Sud wird in einem Topf erwärmt und der Gelierzucker eingerührt. Leicht wallend lässt man die Masse nun für ca. 4 Minuten kochen und füllt sie dann in Gläser ab. Die Gläser werden an einem ruhigen, kühlen Ort zum Auskühlen aufgestellt.

☞ **TIPP** Goldmelissengelee ist eine feine und vor allem geschmackvolle Dekoration für kalte Platten oder Pasteten.

MELONE

MELONENKOMPOTT

1,5 l Wasser
200 g Kristallzucker
1 Vanilleschote
1 Prise Muskat
5 Zitronenmelissenblätter
Saft von 1 Zitrone
500 g Honig- oder Zuckermelonen, geschält, entkernt und in mundgerechte Stücke geschnitten

Das Wasser in einem Topf zum Kochen bringen und Zucker, Kräuter und Gewürze dazugeben. Alles zusammen für 8–10 Minuten kochen, anschließend mit einem Schöpfer die festen Bestandteile wieder herausfischen. Der Topf sollte dazu vom Herd genommen werden. || Nun das Zuckerwasser wieder zum Kochen bringen, die Melonenstücke dazugeben und alles zusammen für weitere 8–10 Minuten kochen. || Anschließend das fertige Kompott in Gläser abfüllen und diese verschließen.

☞ **TIPP** Melonenkompott kann auch als besondere Raffinesse zu Antipasti wie Prosciutto oder Parmesan gereicht werden.

MELONENKONFITÜRE MIT BANANE

2 kg Melonen, geschält und klein geschnitten
500 g Bananen, geschält und klein geschnitten
Mark von 1 Vanilleschote
Saft von 2 Limetten (oder 3 Zitronen)
2,5 kg Gelierzucker 1:1

Die Fruchtstücke werden mit dem Vanillemark und dem Limettensaft in einem Topf erhitzt. Für ca. 10 Minuten werden die Fruchtstücke dann leicht wallend gekocht, so dass sie schön weich werden. || Jetzt den Zucker dazugeben und gut einrühren. Um den Zucker gut zu lösen, wird die Masse weitere 5 Minuten leicht wallend gekocht. || Anschließend die Konfitüre in Gläser abfüllen, diese rasch verschließen und an einem ruhigen Ort langsam auskühlen lassen.

MELONENGEIST

1/2 Honigmelone
1 Zimtstange
2 l Korn
evtl. etwas Waldhonig

Die Honigmelone schälen, in kleine Stücke schneiden und zusammen mit der Zimtstange für 1 Tag im Alkohol ansetzen. || Anschließend diese Mischung in ein Tischbrenngerät füllen und langsam erhitzen. Nachdem man rund 1 l Destillat erhalten hat, beendet man die Destillation. || Der erhaltene Geist ist noch ziemlich hochprozentig und kann deshalb noch mit etwas frischem Wasser verdünnt werden. Will man den Geschmack noch etwas abrunden, wird der Geist bei Bedarf gesüßt.

MINZE

MINZSIRUP

4 kg Kristallzucker
4 l Wasser
Saft von 6 Zitronen
(wahlweise auch
40 g Zitronensäure)
2 l frische Minzblätter

Der Zucker wird im Wasser aufgelöst und mit dem Zitronensaft für ca. 5 Minuten leicht wallend gekocht. Das Zuckerwasser lässt man auf ca. 55 °C auskühlen und gießt es über die Minzblätter. Diesen Ansatz lässt man für ca. 48 Stunden stehen. || Nach den 2 Tagen werden die Blätter durch ein feines Tuch abgeseiht und dieses mit der Hand leicht ausgedrückt. Der erhaltene Sirup wird nun noch einmal auf ca. 85 °C erhitzt und heiß in Flaschen gefüllt. Die Flaschen sofort verschließen und liegend auskühlen lassen.

☞ **TIPP** Minzsirup mit Eiswürfeln und Sodawasser oder ein Schuss Minzsirup in einem Glas Prosecco sind nur zwei Anregungen, wie man sich das Leben mit dieser Köstlichkeit versüßen kann.

PFEFFERMINZLIKÖR

2 l Pfefferminzblätter
1 l Weingeist, 96%ig
800 g Kristallzucker
1,5 l frisches und weiches Wasser
Saft von 2 Limetten

Die Pfefferminzblätter werden in 2 Portionen geteilt. Die erste Portion wird für 24 Stunden in den Alkohol gegeben und anschließend wieder herausgenommen. Um nicht zu viel Alkohol zu verlieren, werden die Blätter nach dem Herausnehmen mit den Händen leicht ausgedrückt. || Jetzt gibt man die zweite Portion in den Alkohol und lässt sie auch für 24 Stunden darin ziehen. Auch diese wird danach wieder herausgenommen und mit den Händen leicht ausgedrückt. || Den Zucker im Wasser auflösen und das Zuckerwasser dann dem Alkohol beifügen. Trübungen, die jetzt entstehen können, sind Minzöle, die ausflocken. Das ist kein Fehler, sondern vielmehr ein Zeichen dafür, dass man viel und gute Minze verwendet hat.

☞ **TIPP** Die floral-frischen Öle der Pfefferminze, kombiniert mit dem kräftigen Zucker und dem Alkohol, sind ein interessantes Spiel am Gaumen.

PFEFFERMINZGEIST

1/2 l frische Pfefferminzblätter
1,5 l Wodka
evtl. etwas Blütenhonig

Die Pfefferminzblätter werden für 6–8 Stunden im Alkohol eingelegt. Anschließend wird der Ansatz in ein Tischbrenngerät gefüllt und langsam erhitzt, bis es zu tropfen beginnt. Nachdem man rund 700 ml Destillat erhalten hat, wird die Destillation beendet. || Das erhaltene Destillat ist ziemlich hochprozentig und muss daher noch mit etwas Wasser verdünnt werden. Um den Geschmack noch mehr abzurunden, kann der Pfefferminzgeist mit etwas Blütenhonig gesüßt werden.

MINZESSIG

1 l frische Minzblätter
2 l kräftiger Weißweinessig

Die Minzblätter werden im Essig für rund 7 Tage angesetzt. Während dieser Zeit rührt man mit einem Kochlöffel um, damit die Auslaugung verbessert wird. || Nach einer Woche wird der Ansatz durch ein feines Tuch abgeseiht und dieses mit der Hand leicht ausgedrückt. || In einem Topf erwärmt man den Essig dann auf gut 55 °C und füllt ihn heiß in saubere Flaschen ab. Die Flaschen werden zum Auskühlen liegend an einem kühlen Ort gelagert.

☞ **TIPP** Minzessig ist eine Speisewürze, welche hauptsächlich an heißen Sommertagen feine Blattsalate pikant abschmeckt.

MINZGELEE MIT AFTER-EIGHT-MINZE

1 l After-Eight-Minze (wahlweise auch Schokoladenminze)
1 l Wasser
1 kg Gelierzucker 1:1
Saft von 2 Zitronen

Die Minzblätter im Wasser auf ca. 55 °C erhitzen und für gut 2 Stunden ziehen lassen. Anschließend wird der Sud durch ein feines Tuch abgeseiht. || Der nun erhaltene Pfefferminzsud wird zusammen mit dem Gelierzucker und dem Zitronensaft erhitzt. Die Masse lässt man nun für rund 4 Minuten leicht wallend kochen. || Zum Schluss das Gelee heiß in Gläser füllen und diese an einem kühlen Ort auskühlen lassen.

☞ **TIPP** Minzgelee ist hervorragend geeignet, um kalte Platten und vor allem Pasteten geschmacklich zu verfeinern.

MIRABELLE

MIRABELLENKOMPOTT

1,5 l Wasser
200 g Kristallzucker
1 Zimtstange
1 Vanilleschote
5 Gewürznelken
2 Zitronenscheiben
4 Minzblätter
500 g Mirabellen
1 Schuss Zwetschkenbrand

Das Wasser wird mit dem Zucker, den Gewürzen, Zitronenscheiben und Minzblättern zum Kochen gebracht. Nachdem man die Flüssigkeit für gut 15 Minuten leicht wallend gekocht hat, wird die Hitze wieder etwas reduziert und der Topf vom Herd genommen. Mit einem Schöpfer fischt man die festen Bestandteile nun wieder heraus. || In das heiße Zuckerwasser werden nun die Mirabellen gegeben. Wieder zurück auf dem Herd gestellt, wird die Masse für weitere 8 Minuten leicht wallend weitergekocht und anschließend mit dem Zwetschkenbrand abgeschmeckt. || Das fertige Kompott wird nun kochend heiß in Gläser gefüllt, welche rasch verschlossen werden.

☞ **TIPP** Man kann die Mirabellen auch vor dem Kochen entsteinen und dazu halbieren, allerdings zerfallen die Früchte dann etwas mehr. Deshalb sollte in diesem Fall auch die Kochzeit mit den Früchten um 1/3 reduziert werden.

MIRABELLENKONFITÜRE

1 kg Mirabellen, entsteint
etwas Zitronenschale, gerieben
1 Prise Muskat
1 kg Gelierzucker 1:1

Die Mirabellen werden in kleine Stücke geschnitten und mit der Zitronenschale und der Prise Muskat in einem Topf für gut 10 Minuten leicht wallend gekocht. || Anschließend den Gelierzucker dazugeben und die Masse für weitere 5 Minuten leicht wallend kochen lassen. || Die heiße Konfitüre nun in Gläser abfüllen, diese rasch verschließen und an einem ruhigen Ort langsam auskühlen lassen.

MIRABELLENZUBEREITUNG FÜR PASTA

1 kg Mirabellen, entsteint
Saft von 1 Limette
300 g Gelierzucker 3:1
1 EL Dijonsenf

Die Mirabellen werden geviertelt und mit dem Limettensaft in einem Topf für gut 5 Minuten leicht wallend gekocht. || Anschließend den Gelierzucker dazugeben sowie den Senf einrühren und alles zusammen ca. 5 Minuten leicht wallend weiterkochen lassen. || Die Masse noch heiß in Gläser abfüllen, diese rasch verschließen und an einem kühlen, ruhigen Ort auskühlen lassen.

TIPP Diese Fruchtzubereitung schmeckt hervorragend mit Oliven, Thunfisch und Kapernbeeren als Sugo zu einer Pasta. Als weitere Variante kann man sie zum Überbacken von Entenbrüsten verwenden. Die fruchtig-säuerliche Zubereitung ergänzt sich geschmacklich perfekt mit dunklem Wildfleisch.

Selbst gemachte Nudeln

Überraschen Sie Ihre Gäste doch zur Abwechslung einmal mit selbst gemachten Nudeln! Sie brauchen für 4 Portionen ca. 400 g Mehl, 4 Eier, Salz und etwas Olivenöl.

Alle Zutaten werden zu einem elastischen Teig verkneten, den man bei Zimmertemperatur ca. 30 Minuten rasten lässt. Im Anschluss wird der Teig sehr dünn ausgewalkt, dabei wird er von der Mitte ausgehend nach außen hin flach ausgerollt. Nun wird der Teig der Länge nach eingeschlagen und in schmale Streifen geschnitten.

Die Nudeln werden anschließend in einem Topf mit reichlich Salzwasser al dente gekocht und nach dem Abseihen eventuell in etwas Olivenöl geschwenkt.

MISPEL

MISPELKONFITÜRE

2 kg Mispeln
1 kl. Prise Zimt
1 Schuss milder Jamaikarum
Saft von 1 Orange
1,5 kg Gelierzucker 1:1

Die Mispeln werden mit ca. 1/4 l Wasser in einem Topf für gut 15 Minuten gekocht, bis diese weich geworden sind. Die weichen Mispeln werden dann mit der Flotten Lotte oder einem ähnlichen Passiergerät passiert, um die Kerne und Schalen herauszubekommen. || Der erhaltene Fruchtbrei wird mit der Prise Zimt, dem Schuss Rum und dem Orangensaft noch einmal erwärmt. Anschließend den Gelierzucker dazugeben und die Masse für 5 Minuten leicht wallend kochen lassen. || Jetzt kann man die Konfitüre in Gläser füllen und diese an einem kühlen Ort zum Auskühlen ruhig stehen lassen.

MISPELCHUTNEY MIT CURRY

1 kg Mispeln
2 Zwiebeln, fein würfelig geschnitten
4 EL Currypulver
1 TL schwarze Pfefferkörner
1 Prise Muskat
1 Prise Zimt
1 Prise Piment
300 g Gelierzucker 3:1

Die Mispeln werden mit ein wenig Wasser weich gekocht und durch ein feines Sieb passiert. || Das erhaltene Fruchtmark wird dann mit den Gewürzen und den fein würfelig geschnittenen Zwiebeln für gut 20 Minuten leicht wallend gekocht. Die Pfefferkörner werden vor der Zugabe zum Mispelmark in einem Mörser leicht zerrieben. || Nach der Kochzeit von rund 20 Minuten wird der Gelierzucker dazugegeben und die Masse für weitere 5 Minuten weitergekocht. || Jetzt kann das fertige Chutney in Gläser abgefüllt werden, welche rasch verschlossen werden.

MISPELGEIST

1 kg Mispeln
2 Gewürznelken
ein paar wenige Anissamen
1 l Weingeist, 96%ig
evtl. etwas Blütenhonig (Alpenrose oder Akazienblüte)

Die Mispeln werden gemeinsam mit den Gewürzen im Alkohol angesetzt und für gut 24 Stunden ziehen gelassen. Anschließend wird der gesamte Ansatz in ein Tischbrenngerät gefüllt und langsam erhitzt. Nachdem rund 1,5 l Destillat aufgefangen wurden, beendet man die Destillation. || Der erhaltene Mispelgeist ist noch ziemlich hochprozentig und kann mit ca. 1/2 l frischem, weichem Wasser verdünnt werden. || Zum Schluss kann man den Mispelgeist noch mit ein wenig Blütenhonig (Alpenrose oder Akazienblüte) abschmecken.

MOHN

MOHNÖL

100 g Mohn, gemahlen
gut 1 l kalt gepresstes Olivenöl
1 Knoblauchzehe

In einer großen Flasche wird der Mohn mit der Knoblauchzehe und dem Olivenöl angesetzt. Dieser Ansatz wird nun für ca. 3 Wochen an einem dunklen Ort stehen gelassen. || Nach gut 3 Wochen kann man den Mohn abseihen und das Öl in Flaschen füllen.

TIPP Mohnöl ist ein intensives Gewürz, das in der Küche vielfach Verwendung findet.

MOHNPESTO

2 EL Walnusskerne
50 g Parmesan
1 Chilischote
1 Knoblauchzehe
100 g Mohn, gemahlen
Salz
Pfeffer
Olivenöl nach Bedarf

Die Walnusskerne werden klein gehackt und in einer Pfanne leicht angeröstet. || Der Parmesan, die Chilischote und die Knoblauchzehe werden in kleine Stücke geschnitten. || Die ausgekühlten Walnusskerne werden nun mit den restlichen Zutaten in ein hohes Gefäß gegeben und mit einem Pürierstab fein püriert (oder im Mörser zerkleinert). Dabei wird so viel Öl dazugegeben, bis ein sämiges Pesto entstanden ist. || Das fertige Pesto wird nun in Gläser abgefüllt und mit etwas Olivenöl bedeckt. Kühl und dunkel gelagert, ist das Pesto ein paar Monate haltbar.

OLIVE

OLIVEN IN ÖL

500 g Oliven, frisch hergestellt in Salzlake (siehe nächstes Rezept)
ca. 300 ml kalt gepresstes Olivenöl
2 Lorbeerblätter
1–2 Chilischoten
etwas Rosmarin
etwas Limettenschale

Die frisch aufgekochten Oliven aus der Salzlake in einem Sieb gut abtropfen lassen. Die abgetropften Oliven nun für ca. 1 Tag in frischem Wasser einlegen, anschließend abseihen und wieder gut abtropfen lassen. || Jetzt stellt man eine Marinade aus Olivenöl, Lorbeerblättern, Chilischoten, Rosmarin, und etwas Limettenschale her. || Die Oliven werden in Gläser gefüllt und mit dieser Marinade übergossen, so dass die Oliven mit ca. 1 cm Öl bedeckt sind. Diese Oliven lässt man nun ca. 6 Wochen ziehen, bevor man sie z.B. als Antipasti genießen kann.

IN SALZLAKE EINGELEGTE OLIVEN

500 g frische Oliven
300 g Salz
2 Lorbeerblätter
1/2 TL Rosmarin
etwas Pfeffer
Schale von 1 Limette

Die Oliven werden etwas eingeschnitten und für 2–3 Wochen in Wasser eingelegt. Das Wasser sollte alle 2–3 Tage getauscht werden. Dieses Einweichen in Wasser vermindert die Bitterkeit der Oliven. Nachdem die Oliven nicht mehr bitter sind, nimmt man sie aus dem Wasser und lässt sie gut abtropfen. || Anschließend die Oliven in einen Topf geben. Die Gewürze und die Limettenschale über die Oliven schichten. Die gewürzten Oliven mit ca. 2,5 l kochendem Wasser übergießen und alles zusammen zum Kochen bringen. Für ca. 5–8 Minuten lässt man die Masse leicht wallend kochen. || Die Oliven mit der nun entstandenen Salzlake werden in Gläser abgefüllt, welche rasch verschlossen werden. Diese Oliven sind nun mehrere Monate haltbar und hervorragend geeignet, verschiedenste Speisen zu verfeinern.

OLIVENPESTO

100 g Pinienkerne
etwas Olivenöl
500 g Oliven, entkernt (grün oder schwarz)
200 g Parmesan
2 Knoblauchzehen
etwas Salz
etwas Pfeffer
1 Knoblauchzehe

Die Pinienkerne in einer Pfanne mit etwas Öl leicht anrösten und anschließend auskühlen lassen. || Die ausgekühlten Pinienkerne werden mit den restlichen Zutaten in einem hohen Gefäß mit einem Pürierstab zu einer feinen Paste püriert. Das Olivenpesto wird dann in kleine Gläser gefüllt und mit etwas Olivenöl bedeckt. || Kühl und dunkel gelagert, ist das Pesto so mehrere Monate haltbar.

ORANGE
BZW. APFELSINE

ORANGEN-INGWER-SIRUP

1 Ingwerstück mit 5–6 cm Länge
Mark von 1 Vanilleschote
1 l Orangensaft, frisch gepresst (noch besser schmeckt Blutorangensaft)
1,3 kg Kristallzucker
10 g Zitronensäure

Der Ingwer wird in dünne Scheiben geschnitten, danach gemeinsam mit dem Vanillemark und dem Orangensaft ca. 15 Minuten leicht wallend gekocht. Nach dem Kochen werden die Ingwerstücke abgeseiht. || Den so gewonnenen Sud mit dem Zucker und der Zitronensäure nochmals zum Kochen bringen und ca. 3 Minuten köcheln lassen. Anschließend den Sirup in saubere Flaschen abfüllen, diese rasch verschließen und liegend auskühlen lassen.

TIPP Der althergebrachte Orangensirup kann mit etwas Ingwer zu einem von innen wärmenden Getränk verfeinert werden. Dieser Sirup schmeckt am besten mit warmem Wasser zubereitet und ist an kalten Wintertagen ein wohltuender Wärmespender.

ORANGENLIKÖR À LA GRAND MARNIER

1 kg Saftorangen
2 Limetten
800 g Kristallzucker
1 TL Kaffeebohnen
1 Zimtstange
5 Gewürznelken
gut 2 l milder Brandy

Die Orangen und Limetten werden in dünne Scheiben geschnitten und gemeinsam mit den Gewürzen für 14 Tage in 2 l Brandy angesetzt. Während dieser Zeit rührt man mit einem Kochlöffel mehrmals um, damit die Auslaugung verbessert wird. || Nach den gut 2 Wochen den Ansatz durch ein feines Tuch filtern und die Früchte mit der Hand leicht ausdrücken. || Den Zucker löst man in ca. 300 ml kochend heißem Wasser auf und gibt das Zuckerwasser dem abgeseihten Ansatz zu. Nun schmeckt man den Likör noch mit Brandy ab, um den Alkoholgehalt etwas zu verstärken.

PAPAYACHUTNEY

500 g Papayas, geschält und entkernt
2 Äpfel
2 rote Zwiebeln
1 Knoblauchzehe
3 EL Kristallzucker
1 Schuss Weißwein
etwas Tomatenmark
Salz
1 Prise Zimt
1 Prise Muskat
1 EL grüne Pfefferkörner
1 Schuss Balsamico
etwas Ingwer
200 g Gelierzucker 3:1

Die Papaya, Äpfel und Zwiebel, werden kleinwürfelig geschnitten. Die Knoblauchzehe in dünne Scheiben schneiden und den Ingwer raspeln. || In einem Topf die Zwiebeln leicht goldgelb anschwitzen und mit dem Kristallzucker karamellisieren. Anschließend mit 1 Schuss Weißwein ablöschen. Jetzt die Papaya, die Äpfel, das Tomatenmark und den Knoblauch dazugeben. Zusammen mit den restlichen Gewürzen, dem Balsamicoessig und dem Ingwer lässt man nun alles schön weich kochen. || Nach rund 20 Minuten, wenn die Fruchtstücke weich sind, nimmt man den Topf vom Herd und püriert die Masse mit einem Pürierstab, bis sie fein cremig ist. || Jetzt stellt man den Topf wieder zurück auf den Herd und gibt den Gelierzucker zu. Mit dem Gelierzucker lässt man die Masse weitere 5–6 Minuten leicht wallend kochen und füllt das Chutney kochend heiß in Gläser ab. Die Gläser rasch verschließen und zum Auskühlen ruhig stehen lassen.

PAPRIKA

PAPRIKARELISH

500 g rote, grüne und gelbe Paprika, geputzt
1 Zwiebel
ca. 2 EL Salz
100 ml Weißweinessig
50 g Kristallzucker
Saft von 1 Zitrone
etwas weißer Pfeffer
3–4 Thymianstängel

Paprika und Zwiebel in kleine Würfel schneiden und mit ca. 2EL Salz gut vermengen. Das Gemenge 1 Stunde ziehen und anschließend gut abtropfen lassen. Anschließend eventuell mit etwas Wasser die Würfel abspülen, um überschüssiges Salz zu entfernen. || In einem Topf den Weißweinessig mit dem Zucker und Zitronensaft aufkochen lassen. Der kochenden Flüssigkeit die abgetropften Würfel beifügen und alles zusammen für ca. 4 Minuten leicht wallend mitkochen lassen. Zum Schluss mit Salz und Pfeffer abschmecken und den Thymian dazugeben. || Das Relish kochend heiß in Gläser abfüllen und diese rasch verschließen.

☞ **TIPP** Bevor man diese Köstlichkeit zur Brettljause oder zu Schinken genießt, sollte das Relish noch ca. 4 Wochen ziehen. In dieser Zeit entfalten sich die Aromen und kommen dann richtig zur Geltung.

PAPRIKA IN ÖL

5 gr. Paprika
ca. 1 l kalt gepresstes Olivenöl
etwas Salz
1 Knoblauchzehe, frisch gepresst

Die Paprika entkernen, den Strunk herausschneiden und in große Stücke schneiden. || In einer Pfanne etwas Öl erhitzen und die Paprikastücke darin gut durchbraten. Während des Bratens werden die Paprika mit Salz und Knoblauch gewürzt. || In einem Glas mit weiter Öffnung wird etwas Olivenöl eingefüllt. Die gebratenen und leicht ausgekühlten Paprikastücke werden nun in das Öl geschichtet und dabei immer gut mit Öl überdeckt, so dass keine Lufteinschlüsse vorhanden sind. Die letzten Paprika werden nochmals mit gut 1 cm Öl bedeckt, damit der Luftabschluss gegeben ist.

☞ **TIPP** Paprika in Öl sind hervorragende Antipasti und können als mediterrane Vorspeise serviert werden.

SÜSS-SAURE PAPRIKA

10 Stück gr. rote, grüne und gelbe Paprika
3 Stück Zwiebeln (vorzugsweise rote)
3 Knoblauchzehen
2 l Weißweinessig
1 EL brauner Zucker
1 TL Pfefferkörner
1 TL Koriander
1 TL Kümmel
1 TL Senfkörner
2 Lorbeerblätter
ein paar Wacholderbeeren
etwas Salz

Die Paprika in ca. 4 cm große Stücke schneiden und die Kerne sowie den Strunk entfernen. Die Zwiebel schälen und vierteln. Die Knoblauchzehen schälen und der Länge nach halbieren. || In einem großen Topf wird nun der Weißweinessig zusammen mit allen Gewürzen, dem Zucker, den Zwiebeln und dem Knoblauch zum Kochen gebracht und für rund 15 Minuten leicht wallend gekocht. Abschließend wird der Sud noch mit etwas Salz abgeschmeckt. || Nach rund 15 Minuten werden nun die Paprikastücke in den kochenden Sud gegeben und für ca. 4 Minuten mitgekocht. Anschließend werden mit einem Schöpfer die Paprikastücke und Zwiebeln herausgefischt und in Gläser gefüllt. Diese werden nun mit dem kochend heißen Sud mitsamt den Gewürzen aufgefüllt. || Die Gläser nun sofort fest verschließen und langsam auskühlen lassen. Die ausgekühlten Gläser lässt man an einem dunklen Ort noch ca. 4 Wochen ziehen, damit der Geschmack sich gut entwickeln kann.

PEPERONI

SÜSS-SAURE PEPERONI

20–30 Peperoni
3 Stück Zwiebeln (vorzugsweise rote)
3 Knoblauchzehen
2 l Weißweinessig
1 EL brauner Zucker
1 TL Pfefferkörner
1 TL Koriander
1 TL Kümmel
1 TL Senfkörner
2 Lorbeerblätter
ein paar Wacholderbeeren
etwas Salz

Die Peperoni in ca. 6 cm lange Stücke schneiden und die Kerne sowie der Strunk entfernen. Die Zwiebeln schälen und vierteln. Die Knoblauchzehen schälen und der Länge nach halbieren. || In einem großen Topf wird nun der Weißweinessig zusammen mit allen Gewürzen, dem Zucker, den Zwiebeln und dem Knoblauch zum Kochen gebracht und für rund 15 Minuten leicht wallend gekocht. Mit etwas Salz wird der Sud letztlich noch abgeschmeckt. || Nach rund 15 Minuten werden nun die Peperonistücke in den kochenden Sud gegeben und für ca. 4 Minuten mitgekocht. || Anschließend mit einem Schöpfer die Peperoni und die Zwiebeln herausfischen und in Gläser füllen. Zum Schluss mit dem kochend heißen Sud samt Gewürzen auffüllen. Die Gläser nun sofort fest verschließen und langsam auskühlen lassen. Die ausgekühlten Gläser lässt man an einem dunklen Ort für ca. 4 Wochen ziehen, damit der Geschmack sich gut entwickeln kann.

PEPERONI IN ÖL

15 Peperoni
etwas Salz
1 Knoblauchzehe, frisch gepresst
ca. 1 l kalt gepresstes Olivenöl

Die Peperoni entkernen, den Strunk herausschneiden und in große Stücke schneiden. || In einer Pfanne etwas Öl erhitzen und die Peperonistücke darin gut durchbraten. Während des Bratens werden die Peperoni mit Salz und Knoblauch gewürzt. || In einem Glas mit weiter Öffnung wird etwas Olivenöl eingefüllt. Die gebratenen und leicht ausgekühlten Peperonistücke werden nun in das Öl geschichtet und dabei immer gut mit Öl überdeckt, so dass keine Lufteinschlüsse vorhanden sind. Die letzten Peperoni werden nochmals mit gut 1 cm Öl bedeckt, damit der Luftabschluss gegeben ist.

☞ **TIPP** Peperoni in Öl sind hervorragende, feurige Antipasti und können als mediterrane Vorspeise serviert werden.

GETROCKNETE PEPERONI

15 Peperoni

Die Peperoni werden auf ein Backblech verteilt und im Backrohr bei ca. 50–60 °C Heißluft für mehrere Stunden getrocknet, bis sie rascheltrocken sind. || Anschließend lässt man die Peperoni im Backrohr auskühlen und gibt sie dann in luftdicht verschließbare Gläser zur Aufbewahrung.

☞ **TIPP** Getrocknete Peperoni können klein geschnitten oder gemahlen für verschiedenste Speisen als Gewürz verwendet werden.

PETERSILIE

GETROCKNETE PETERSILIE

2 Bund frische Petersilie

Die Petersilienblätter werden von den Stielen gezupft und auf ein Backblech aufgelegt. Bei ca. 40–50 °C Heißluft werden diese Blätter im Backrohr getrocknet. Während des Trocknens wird das Backrohr leicht offen gelassen, damit die feuchte Luft entweichen kann und die Trocknung schneller vorangeht. Getrocknet wird so lange, bis die Blätter beim Berühren rascheln. || Nach dem Trocknen die Blätter im Backrohr auskühlen lassen und anschließend gleich in luftdicht verschließbare Gläser füllen.

☞ **TIPP** Getrocknete Petersilie ist eine perfekte Suppeneinlage und findet in der Küche vielfach Verwendung.

PETERSILIENPESTO

100 g Petersilie
100 g Zwiebel
1 Knoblauchzehe
2 EL Kapernknospen
2 EL Weißweinessig
ca. 100 ml kalt gepresstes Olivenöl
etwas Salz
1/2 TL Pfefferkörner, gemörsert
evtl. ein paar Sardellenfilets
evtl. etwas gut gereifter Parmesan oder Pecorino

Die Petersilienblätter werden mit der geschälten Zwiebel und der geschälten Knoblauchzehe unter Zugabe des Olivenöls in einer Küchenmaschine zu einer feinen Paste zerkleinert. || Das Pesto kann durch Zugabe von ein paar Sardellenfilets oder etwas gut gereiftem Parmesan oder Pecorino verfeinert werden.

☞ **TIPP** Petersilie wird oft auch als günstigerer Ersatz für den Basilikum bezeichnet. Das ist durchaus richtig, aber der Geschmack von frischer Petersilie in einem Pesto ist unvergleichlich. Wer einmal dieses Petersilienpesto probiert hat, wird ungern wieder zum herkömmlichen Pesto alla Genovese zurückkehren.

PETERSILIE IN SALZ

2 Bund Petersilie
500 g feines Meersalz

Die Petersilienblätter werden von den Stielen gezupft und mit einem Wiegemesser grob geschnitten. || Nun werden die geschnittenen Blätter mit dem Salz gut vermischt und in Gläser abgefüllt. Das Salz zieht die Feuchtigkeit aus den Blättern und wird damit aromatisiert.

☞ **TIPP** Petersiliensalz zu Pellkartoffeln ist eine raffinierte Abwechslung am Speiseplan.

Statt Pfirsichen kann man bei den folgenden Rezepten je nach Vorliebe und Vorrat auch Nektarinen verwenden.

PFIRSICHNEKTAR

1 kg Pfirsiche oder Nektarinen, entsteint
Saft von 3 Zitronen
1 l Wasser
600 g Kristallzucker

Die Früchte werden klein geschnitten und mit dem Pürierstab fein püriert. Dem Fruchtpüree nun den Zitronensaft und das Wasser beifügen. || In einem Topf wird der flüssige Fruchtbrei nun zusammen mit dem Zucker so lange erhitzt, bis sich der Zucker gut aufgelöst hat. Die Masse sollte nicht gekocht, sondern lediglich auf 85 °C erhitzt werden. Nach rund 5 Minuten hat sich bei gutem Rühren der Zucker gelöst. || Der mindestens 80 °C heiße Nektar wird dann in Flaschen gefüllt, welche rasch verschlossen werden. Zum Auskühlen werden die Flaschen umgelegt und nach dem Auskühlen kühl und dunkel gelagert.

☞ **TIPP** Selbst hergestellter Pfirsichnektar ist vor allem für Kinder ein schmackhaftes Getränk, welches zum Genuss mit Wasser im Verhältnis 1:1 verdünnt wird.

GETROCKNETE PFIRSICHE

10 g Zitronensäure
1 l Wasser
1 kg Pfirsiche oder Nektarinen, entsteint

Die Zitronensäure wird als Erstes im Wasser aufgelöst. Die Früchte in dünne Spalten schneiden und für ca. 5 Minuten in das Zitronensäurewasser einlegen. Damit wird eine spätere Bräunung der Nektarinenspalten verringert. Nach ca. 5 Minuten werden die Spalten aus dem Wasser genommen und auf ein Backgitter aufgelegt. || Die Nektarinenspalten nun in das auf ca. 50 °C Heißluft vorgeheizte Backrohr geben und dort für mehrere Stunden trocknen lassen. Der Trocknungsvorgang ist abgeschlossen, wenn die Fruchtspalten beim Biegen brechen oder zumindest eine zähledrige Konsistenz haben. || Bevor man die Fruchtspalten nun in luftdicht verschließbare Gläser füllt, lässt man sie im Backrohr noch gut auskühlen.

PFIRSICHKONFITÜRE MIT BANANEN

1 kg Pfirsiche oder Nektarinen, entsteint
500 g reife Bananen
Saft von 2 Zitronen
1,5 kg Gelierzucker 1:1
1 Schuss Marillen- oder Pfirsichbrand

Die Früchte werden in kleine Stücke geschnitten und zusammen mit dem Zitronensaft in einem Topf erhitzt. Leicht wallend lässt man die Früchte so lange kochen, bis diese schön weich geworden sind. || Anschließend gibt man den Gelierzucker dazu und lässt die Masse für weitere 5 Minuten leicht wallend kochen. || Als Letztes den Brand einrühren und die Konfitüre anschließend rasch in Gläser abfüllen. Die Gläser sofort verschließen und an einem ruhigen Ort langsam auskühlen lassen.

PFIRSICHKOMPOTT

1 kg Pfirsiche oder Nektarinen, entsteint
200 g Kristallzucker
1/2 l Wasser
1 Zimtstange
3 Nelken

Die entkernten Früchte werden halbiert und im Zuckerwasser gemeinsam mit der Zimtstange und den Nelken weich gekocht. || Kochend heiß wird das Kompott dann in saubere Gläser gefüllt und diese sofort verschlossen.

☞ **TIPP** Das Kompott wird feiner, wenn man die Früchte vorher in heißem Wasser kurz blanchiert und die Haut abzieht.

PFIRSICHCHUTNEY

600 g Pfirsiche oder Nektarinen, geschält und entsteint
150 g Ananas
200 ml Weißweinessig
2 TL Currypulver
Salz
Pfeffer
300 g Gelierzucker 3:1
1 Schuss Kokoslikör

Pfirsiche oder Nektarinen und Ananas in kleine Würfel schneiden und zusammen mit dem Essig und den Gewürzen für ca. 15 Minuten leicht wallend kochen lassen. Durch kräftiges Rühren während des Kochens zerfallen die Fruchtstücke und es ergibt sich eine breiige Konsistenz. || Jetzt gibt man den Gelierzucker dazu, schmeckt mit dem Kokoslikör ab und lässt die Masse für weitere 5 Minuten leicht wallend kochen. || Das Chutney kochend heiß in Gläser füllen und diese zum Auskühlen ruhig stehen lassen.

PFLAUME

PFLAUMENNEKTAR

1 kg Pflaumen, entsteint
Saft von 3 Zitronen
1 l Wasser
600 g Kristallzucker

Die Früchte werden klein geschnitten und mit dem Pürierstab fein püriert. Dem Fruchtpüree nun den Zitronensaft und das Wasser beifügen. || In einem Topf wird der flüssige Fruchtbrei zusammen mit dem Zucker so lange erhitzt, bis sich der Zucker gut aufgelöst hat. Die Masse sollte nicht gekocht, sondern lediglich auf 85 °C erhitzt werden. Nach rund 5 Minuten hat sich bei gutem Rühren der Zucker gelöst. || Der mindestens 80 °C heiße Nektar wird dann in Flaschen abgefüllt, welche rasch verschlossen werden. Zum Auskühlen werden die Flaschen umgelegt und nach dem Auskühlen kühl und dunkel gelagert.

☞ **TIPP** Selbst hergestellter Pflaumennektar ist vor allem für Kinder ein schmackhaftes Getränk, welches zum Genuss mit Wasser im Verhältnis 1:1 verdünnt wird.

PFLAUMENLIKÖR

1 kg Pflaumen, entsteint
Mark von 1 Vanilleschote
1 Zimtstange
5 Gewürznelken
2 Körner Kardamom
2 l Jamaikarum
300 g Kristallzucker
200 ml Wasser

Die Pflaumen werden zusammen mit dem Vanillemark und allen Gewürzen im Rum angesetzt. Der Ansatz wird an einem nicht zu kühlen, aber dunklen Ort für 3 Wochen stehen gelassen. || Nach gut 3 Wochen wird der Ansatz durch ein feines Tuch gesiebt. || Die 300 g Zucker in 200 ml kochend heißem Wasser gut auflösen und etwas auskühlen lassen. Zum Schluss wir das Zuckerwasser mit dem abgeseihten Alkohol gut vermischt. Der Likör wird dann in Flaschen gefüllt und dunkel gelagert.

☞ **TIPP** Am besten schmeckt dieser Likör zur Weihnachtszeit. Als besonders leckere Variante kann man den Likör leicht erwärmen und in kleinen Gläsern, mit einer Sahnehaube dekoriert, servieren.

PFLAUMENKONFITÜRE MIT JAMAIKARUM

1 kg frische Pflaumen
Saft von 1/2 Zitrone
2 Sternanise
1 kg Gelierzucker 1:1
1/8 l 8-jähriger Jamaikarum

Die Pflaumen entsteinen, in Spalten schneiden und anschließend mit Zitronensaft und den Sternanisen in einem Topf zum Kochen bringen. Nach 5 Minuten leicht wallendem Kochen den Gelierzucker einrühren und alles zusammen weitere 4 Minuten leicht wallend weiterkochen lassen. || Zum Schluss den Jamaikarum dazugeben und die Konfitüre nochmals kurz aufkochen lassen. || Die fertige Konfitüre dann heiß in Gläser füllen, diese rasch verschließen und zum Auskühlen ruhig stehen lassen.

GETROCKNETE PFLAUMEN

10 g Zitronensäure
1 l Wasser
1 kg Pflaumen, entsteint
etwas Zimt

Die Zitronensäure wird als Erstes im Wasser aufgelöst. Die Früchte in dünne Spalten schneiden und für ca. 5 Minuten in das Zitronensäurewasser einlegen. Damit wird eine spätere Bräunung der Pflaumenspalten verringert. Nach ca. 5 Minuten werden die Spalten aus dem Wasser genommen und auf ein Backgitter verteilt. || Die noch feuchten Pflaumenspalten werden jetzt mit etwas Zimt bestreut. || Das Backgitter nun in das auf ca. 50 °C Heißluft vorgeheizte Backrohr geben und dort die Spalten für mehrere Stunden trocknen lassen. Der Trocknungsvorgang ist abgeschlossen, wenn die Fruchtspalten beim Biegen brechen oder zumindest eine zähledrige Konsistenz haben. || Bevor man die Fruchtspalten nun in luftdicht verschließbare Gläser füllt, lässt man sie im Backrohr noch gut auskühlen.

PFLAUMENCHUTNEY

500 g Pflaumen, entsteint
300 g Äpfel, geschält und entkernt
50 g Datteln
200 g Zwiebel
1 Knoblauchzehe
2 EL Ingwer, gerieben
1 Chilischote
2 Lorbeerblätter
1 TL Salz
1 El Rosmarinnadeln
150 ml Balsamico
150 ml kräftiger Rotweinessig
180 g Blütenhonig
Saft von 1 Zitrone
300 g Gelierzucker 3:1

Die Früchte, Zwiebeln und der Knoblauch werden klein geschnitten und zusammen mit den restlichen Gewürzen leicht wallend gekocht. Nach gut 40 Minuten sind die Früchte dann so weich, dass man sie zu einem Brei verrühren kann. || Jetzt den Balsamico, Rotweinessig und Blütenhonig dazugeben und alles zusammen weitere 10 Minuten leicht wallend kochen lassen. || Anschließend den Gelierzucker dazugegeben und gut einrühren. Die Masse lässt man nun nochmals 5 Minuten leicht wallend kochen, bevor sie kochend heiß in Gläser gefüllt wird. || Die Gläser rasch verschließen und für ca. 5 Wochen an einem kühlen, dunklen Ort ziehen lassen, bevor man das Chutney zum Verfeinern von diversen Speisen verwendet.

PHYSALIS

KAPSTACHELBEERE ODER ANDENBEERE

PHYSALISNEKTAR

700 g Physalis
Saft von 1 Zitrone
1/2 l Wasser
200 g Kristallzucker

Die Früchte werden mit dem Zitronensaft und dem Wasser in einem Topf gut weich gekocht. Dieser Brei wird dann mit der Flotten Lotte passiert, so dass die Schalen und Kerne abgeschieden werden. || Der flüssige Fruchtbrei wird nun zusammen mit dem Zucker so lange erhitzt, bis sich der Zucker gut aufgelöst hat. Die Masse sollte nicht gekocht, sondern lediglich auf 85 °C erhitzt werden. Nach rund 5 Minuten hat sich bei gutem Rühren der Zucker gelöst. || Der mindestens 80 °C heiße Nektar wird dann in Flaschen gefüllt, welche rasch verschlossen werden. Zum Auskühlen werden die Flaschen umgelegt und nach dem Auskühlen kühl und dunkel gelagert.

☞ **TIPP** Selbst hergestellter Physalisnektar ist eine Köstlichkeit, die man nicht kaufen kann. Mit Wasser im Verhältnis 1:1 verdünnt oder als Zugabe zu einem Glas Champagner ist der Nektar ein wahrer Knaller.

PHYSALISKONFITÜRE

500 g Physalis
Saft von 1 Orange
1 Prise Muskat
500 g Gelierzucker 1:1
1 Schuss feiner V.S. Cognac oder milder Brandy

Die Physalis werden halbiert und in einem Topf gemeinsam mit dem Orangensaft für gut 10 Minuten weich gekocht. Die Früchte anschließend mit der Flotten Lotte passieren, so dass die Schalen und Kerne abgeschieden werden. || Dem passierten Fruchtbrei fügt man nun die Prise Muskat bei und lässt die Masse zusammen mit dem Gelierzucker für ca. 5 Minuten leicht wallend kochen. || Kurz vor dem Abfüllen in die Gläser wird noch 1 Schuss Cognac oder Brandy eingerührt. Die Gläser rasch verschließen und zum Auskühlen ruhig stehen lassen.

PHYSALISMUS

500 g Physalis
Saft von 1 Zitrone
150 g Gelierzucker 3:1

Die Physalis werden mit dem Zitronensaft in einem Topf erhitzt und so lange leicht wallend gekocht, bis die Früchte weich sind und schön zerfallen. Die Masse anschließend vom Herd nehmen, auskühlen lassen und passieren. Der fast cremige Fruchtbrei wird mit dem Gelierzucker noch einmal erhitzt und für ca. 5 Minuten leicht wallend gekocht. || Das Mus in Gläser abfüllen und diese rasch verschließen.

☞ **TIPP** Das Physalismus ist eine delikate Verzierung verschiedenster Nachspeisen. Auch als Fruchtspiegel ist Physalismus etwas Ausgezeichnetes.

PILZ

SAUER EINGELEGTE PILZE NACH TAMESLAS* GABI

500 g frische Pilze
1 Zwiebel
1 Knoblauchzehe
1 l Weißweinessig
1/2 l Wasser
1/2 TL Senfkörner
1/2 TL schwarze Pfefferkörner
2 Lorbeerblätter
etwas Rosmarinnadeln
etwas Thymian
etwas Salz
1 Prise Kristallzucker
ca. 200 ml kalt gepresstes Olivenöl

Die Pilze sauber putzen und von allen Moos- und Erdresten befreien. Die Zwiebel halbieren und in dünne Scheiben schneiden. Den Knoblauch schälen und vierteln. || In einem Topf wird der Sud angesetzt. Dazu den Essig mit dem Wasser und sämtlichen Gewürzen zum Kochen bringen und für gut 10 Minuten leicht wallend kochen. Abschließend mit Salz und Zucker abschmecken. || In den heißen Sud werden jetzt die Pilze, der Zwiebel und der Knoblauch gegeben. Alles zusammen lässt man noch ca. 5 Minuten leicht wallend weiterkochen, so dass die Pilze gar, aber nicht verkocht sind. || Die Pilze werden nun in Gläser aufgeteilt und mit dem kochend heißen Sud übergossen, so dass diese gut bedeckt sind. Auf den Sud kommt noch ca. 1/2 cm Olivenöl. || Die Gläser rasch verschließen und langsam auskühlen lassen. An einem kühlen, lichtgeschützten Ort sollten die Gläser nun noch gut 6 Wochen ziehen, bevor man diese pikanten Pilze als selbst gemachte Antipasti oder zu Käseplatten serviert.

☞ **TIPP** Für dieses Rezept können verschiedenste Pilze verwendet werden. Pfifferlinge, auch Eierschwammerl genannt, sind optisch am besten geeignet. Auch Herren- oder Steinpilze eignen sich hervorragend.

** Tameslas ist der Hausname der Familie Mair, von der dieses Rezept stammt.*

PILZÖL

500 g Pilze
1/2 TL Wacholderbeeren
1/2 TL Senfkörner
1/2 TL schwarze, rote und grüne Pfefferkörner
1 Knoblauchzehe
1, 5 l kalt gepresstes Olivenöl

Die Pilze werden sauber geputzt und in Scheiben geschnitten. Kleine Pilze können auch nur halbiert oder ganz belassen werden. Diese Pilze gibt man nun mit allen Gewürzen und dem Knoblauch in ein großes Glas. || Das Glas nun mit so viel Olivenöl auffüllen, bis alle Zutaten gut überdeckt sind. Dieser Ansatz wird an einem dunklen, nicht zu kühlen Ort für ca. 4 Wochen aufgestellt. || Nach diesen 4 Wochen werden die Pilze und Gewürze mit einem feinen Tuch oder Sieb vom Öl getrennt. Die Pilze können für ein Pilzgericht weiterverwendet werden. Das Öl füllt man in kleine Flaschen ab und lagert diese kühl und dunkel.

☞ **TIPP** Pilzöl wird in der Küche wie ein Gewürz verwendet. Das intensive und komplexe Aroma ist für viele Speisen eine raffinierte Ergänzung.

PREISELBEERE

PREISELBEER-ORANGEN-KONFITÜRE

1/4 l Wasser
1/4 l Orangensaft, frisch gepresst
300 g Kristallzucker
1 kg Preiselbeeren
1 mittlere Orangeschale, gerieben

Das Wasser mit dem Orangensaft und dem Zucker zum Kochen bringen und so lange rühren, bis sich der Zucker zur Gänze aufgelöst hat. Jetzt die Preiselbeeren dazugeben und so lange weiterkochen, bis die Beeren aufplatzen. || Zum Schluss noch die geriebene Orangenschale beifügen und die Masse weitere 2 Minuten leicht kochen lassen. || Die Konfitüre anschließend in Gläser abfüllen, diese rasch verschließen und zum Auskuhlen ruhig stehen lassen.

☞ **TIPP** Der fein bittere Geschmack der Preiselbeeren wird durch die Zitrusnote und die Frische der Orangenschale noch ein wenig unterstrichen. So wird die klassische Preiselbeerkonfitüre zum Kalbswiener etwas raffinierter und unvergleichbar.

PREISELBEERKOMPOTT

1,5 l Wasser
Saft von 1 Orange
300 g Kristallzucker
1 Zimtstange
5 Gewürznelken
1 kg Preiselbeeren
1 Schuss Brandy

Das Wasser mit dem Orangensaft, dem Zucker und den Gewürzen einmal kräftig aufkochen und ca. 10 Minuten leicht wallend weiterköcheln lassen. Anschließend werden die Gewürze mit einem Schöpfer herausgefischt. Dazu den Topf am besten vom Herd nehmen. || In die heiße Flüssigkeit gibt man nun die Preiselbeeren und lässt alles weitere 7 Minuten kochen. Zum Schluss mit 1 Schuss Brandy abschmecken und das Kompott kochend heiß in Gläser füllen, diese rasch verschließen und langsam auskühlen lassen.

☞ **TIPP** Preiselbeerkompott mit heißem Wasser verdünnt, stärkt im Winter bei grippalen Infekten.

PREISELBEERMUS

1 kg Preiselbeeren
200 g Gelierzucker 3:1

Die Preiselbeeren werden in einem Topf erhitzt und so lange leicht wallend gekocht, bis die Früchte weich sind und schön zerfallen. Die Masse dann vom Herd nehmen, auskühlen lassen und anschließend passieren. || Der fast cremige Fruchtbrei wird mit dem Gelierzucker noch einmal erhitzt und für ca. 5 Minuten leicht wallend gekocht. || Das Mus in Gläser abfüllen und diese rasch verschließen werden.

☞ **TIPP** Preiselbeermus eignet sich hervorragend, um diverse Nachspeisen abzurunden. Auch als Fruchtspiegel zum Eisteller ist Preiselbeermus etwas sehr Delikates.

PREISELBEERLIKÖR

1 kg frische Preiselbeeren
2 l Wodka
500 g Kristallzucker
1/4 l Wasser
ein kräftiger Schuss Himbeergeist

Die Preiselbeeren werden im Wodka angesetzt. Dieser Ansatz wird für gut 2 Wochen an einem nicht zu kühlen, aber lichtgeschützten Ort stehen gelassen. Mit einem Kochlöffel wird der Ansatz des Öfteren umgerührt, um das Auslaugen zu verbessern. || Nach gut 2 Wochen werden die Preiselbeeren durch ein feines Tuch geseiht und dieses mit den Händen etwas ausgedrückt. || Den Zucker in 1/4 l kochend heißem Wasser gut auflösen und anschließend etwas auskühlen lassen. || Der gesiebte Alkohol wird nun mit dem Zucker verrührt und mit 1 kräftigen Schuss Himbeergeist abgeschmeckt. Der fertige Likör wird in Flaschen gefüllt und diese kühl und dunkel gelagert.

QUITTE

QUITTENKONFITÜRE

1 kg Quitten
Saft einer Zitrone
1 kg Gelierzucker 1:1

Die Quitten werden geschält, in Spalten geschnitten und das Kernhaus sauber herausgeschnitten. Die Quittenspalten werden nun mit etwas Wasser weich gekocht. In einer Küchenmaschine werden dann die weich gekochten Früchte gemeinsam mit dem Kochsud zu einem feinen Brei püriert. || Dieser Brei wird mit dem Zitronensaft und dem Gelierzucker in einem Topf rund 10 Minuten gekocht. || Anschließend die Konfitüre rasch in saubere Gläser füllen, diese sofort verschließen und zum Auskühlen ruhig stehen lassen.

TIPP Die Schalen und Kernhäuser können in 1 l Wasser ausgekocht werden und der daraus entstandene Sud nach dem Rezept des Quittengelees zu einem kräftigen Gelee veredelt werden.

QUITTENGELEE MIT ROSENÖL

2 kg Quitten
1 kg Gelierzucker 1:1
1/2 Tropfen Rosenöl

Die Quitten werden in Spalten geschnitten und auf mäßiger Hitze mit ein wenig Wasser gekocht, bis sie in einen Brei zerfallen sind. || Den Brei durch ein feines Sieb oder Tuch in eine Schüssel abrinnen lassen, ohne zu pressen. Der so gewonnene Saft (ca. 1 l) wird dann mit dem Gelierzucker noch einmal für ca. 5 Minuten aufgekocht. || Kurz bevor man das Gelee in Gläser abfüllt, wird noch 1/2 Tropfen Rosenöl eingerührt. Nach dem Abfüllen die Gläser schnell verschließen und zum Auskühlen ruhig stehen lassen.

TIPP Dieses Gelee bekommt eine klare zartrosa Farbe und schmeckt hervorragend zu Pasteten oder feinem Schinken.

QUITTENCHIPS

40 g Zitronensäure
2 l frisches Wasser
6 kg Quitten

Zuerst die Zitronensäure im Wasser auflösen. Danach die Quitten schälen, halbieren und das Kernhaus herausschneiden. Diese Quittenhälften nun mit einem Messer in ca. 1 cm dicke Scheiben schneiden und diese Scheiben gleich in das Zitronensäurewasser einlegen. || Nach ca. 10 Minuten nimmt man die Scheiben wieder heraus, legt sie auf ein Backgitter und lässt sie gut abtropfen. Das Backgitter schiebt man anschließend in das Backrohr und lässt die Spalten dort für mehrere Stunden im vorgeheizten Backofen bei 50 °C Heißluft trocknen. Die Tür des Backrohrs soll dabei leicht geöffnet bleiben. Dazu klemmt man am besten einen Kochlöffelstiel in die Tür ein, damit diese nicht ganz schließt. Durch den Spalt kann die Feuchtigkeit entweichen und die Quittenspalten können gut trocknen. || Der Trockenvorgang dauert mehrere Stunden und ist beendet, wenn die Fruchtscheiben beim Biegen nicht mehr brechen und sich wie dickes Leder anfühlen. Sind die Fruchtscheiben trocken, lässt man diese gut auskühlen und legt sie locker in große, dicht verschließbare Gläser oder Tupperboxen. || Gut verschlossen lassen sich die Quittenchips mehrere Monate kühl und dunkel aufbewahren.

☞ **TIPP** Wer keine Zitronensäure verwenden will, kann auch den Saft von 4 frischen Zitronen in das Wasser geben. Das Einlegen in das saure Wasser hilft, die Fruchtscheiben schön hell zu halten. Ohne das saure Wasser würden die Fruchtscheiben etwas bräunlich werden, was aber bezüglich der Qualität keine Einbuße bedeutet. Wem also die Farbe der Quittenchips nicht so wichtig ist, der kann auch auf das saure Wasser verzichten.

QUITTENGEIST

500 g Quitten
600 ml Weingeist, 96%ig
600 ml Wasser
1 Zimtstange
1 Prise Muskat

Die Quitten werden gewaschen und dann in kleine, ca. 2 cm große Würfel geschnitten. Zusammen mit dem Alkohol, dem Wasser, der Zimtstange und der Prise Muskat gibt man die Quittenwürfel in das Tischbrenngerät und erhitzt den Ansatz ganz langsam auf kleinster Flamme. || Die Destillation ist abgeschlossen, wenn rund 1 l Alkohol aus dem Brenngerät getropft sind. Das Destillat verdünnt man anschließend mit frischem, weichem Wasser im Verhältnis 1:1 zu einem aromatisch duftenden Geist. || Der fertige Geist, welcher durchaus leicht milchig (opaleszent) werden kann, wird in kleine Flaschen gefüllt und kühl und dunkel gelagert. Frisch genossen schmeckt der Geist allerdings am besten.

RETTICH

RETTICH MIT CHILI

1 Rettich
1 l Wasser
10 Chili, getrocknet
1 EL Salz
3 EL Kristallzucker
1/8 l Weißweinessig
1 TL Sesamkerne, geröstet

Der Rettich wird geschält und in große Stücke geschnitten, die gut in Gläser passen. || In einem Topf werden die restlichen Zutaten zum Kochen gebracht und für gut 5 Minuten gekocht. || Anschließend gibt man die Rettichstücke dazu und lässt sie ca. 5 Minuten mitkochen, so dass diese durchgegart, aber noch knackig sind. || Jetzt wird alles kochend heiß in die Gläser gefüllt, welche rasch verschlossen werden.

SÜSS-SAURER RETTICH

1 kg Rettich
750 g Kristallzucker
1/2 l Weißweinessig
1/2 TL Pfeffer
1/2 TL Muskat
1 Stk. frischer Ingwer
1 EL Blütenhonig

Der Rettich wird geschält und in große Stücke geschnitten. || Zusammen mit den restlichen Zutaten werden die Rettichstücke in einem Topf zum Kochen gebracht und so lange gar gekocht, bis diese durchgegart, aber noch knackig sind. || Nach ca. 8 Minuten werden die Rettichstücke in Gläser gefüllt und mit dem kochend heißen Sud übergossen. Die Gläser rasch verschließen und langsam auskühlen lassen.

RHABARBER

Der einzigartige Geschmack von Rhabarber hat in den letzten Jahren wieder einen Aufschwung erlebt. Einst ein wertvolles Gemüse, war er lange Zeit fast vergessen und kommt jetzt wieder zurück auf unsere Tische.

RHABARBERKOMPOTT

1 kg Rhabarberstangen
300 g Kristallzucker
1/2 l Wasser
Saft von 1/2 Zitrone
1Zimtstange
3 Nelken
1 kl. Schuss Jamaikarum

Die Rhabarberstangen werden geschält und in ca. 3 cm lange Stücke geschnitten. || Der Zucker wird im Wasser mit dem Zitronensaft, der Zimtstange und den Nelken aufgekocht. In die leicht wallende Flüssigkeit gibt man nun die Rhabarberstücke und lässt das Ganze noch weitere 5 Minuten leicht wallen. Kurz vor dem Abfüllen mit 1 Schuss Jamaikarum abschmecken. || Anschließend das Kompott rasch in saubere Gläser füllen, diese sofort verschließen und zum Auskühlen ruhig stehen lassen.

RHABARBERLIKÖR

1 kg Rhabarber
1 l Wodka
300 g Kristallzucker
ca. 200 ml Wasser
etwas Vanillezucker

Der Rhabarber wird in Stücke geschnitten und mit etwas Wasser in einem Topf leicht wallend so lange gekocht, bis die Rhabarberstücke schön zerfällt. Die Masse dann auskühlen lassen und durch ein Tuch abseihen, sodass man einen klaren Saft erhält. || Dieser Saft wir nun mit dem Wodka vermengt. || Der Zucker wird in ca. 200 ml kochend heißem Wasser gut aufgelöst und dem Alkohol-Saft-Gemisch beigemengt. Mit etwas Vanillezucker kann der Likör anschließend noch fein abgeschmeckt werden.

ROSENBLÜTENGELEE

1 l frische Rosenblüten
1 l Wasser
1 kg Gelierzucker 1:1
5 g Zitronensäure

Die frischen Rosenblüten werden in das Wasser eingelegt und über Nacht stehen gelassen. Nach ca. 12–18 Stunden werden die Blüten mit dem Wasser ca. 3 Minuten aufgekocht. Die Farbstoffe der Blüten gehen so in das Wasser über. Anschließend werden die Blüten abgeseiht und gut ausgedrückt. || In das Rosenwasser wird nun der Gelierzucker und die Zitronensäure eingerührt und das Ganze dann nach den Angaben des Gelierzuckers aufgekocht. Durch die Zugabe der Zitronensäure erhält das Gelee eine besonders schöne Rotfärbung und es geliert besser.

TIPP Rosenblütengelee ist etwas Hervorragendes zur Dekoration von Pasteten oder feinen Schinken-Platten. Auch Käse wird mit einem Hauch dieses Gelees einen unvergesslichen Eindruck hinterlassen. Je dunkler die Blüten sind, desto mehr Farbe erhält das Gelee.

Selbst gemachte Rosenblütenkissen

Duftende Rosenblütenkissen lassen sich ganz einfach selbst herstellen, Sie brauchen dazu nur Rosenblüten, ein paar kleine Baumwolltaschen und Stoffbänder.

Zunächst werden die Rosenblüten langsam getrocknet. Die Blüten sollten dabei nicht in die Sonne gelegt werden, da es sonst zu Verfärbungen und Aromaverlusten kommt. || Die rascheltrockenen Blüten werden anschließend in Baumwolltaschen gegeben und diese mit Bändern verschlossen oder zugenäht. || Diese Rosenkissen duften einige Monate und verleihen z.B. Ihrer Wäsche im Kleiderschrank einen blumigen Duft.

ROTE BETE

BZW. ROHNE

EINGEKOCHTE ROTE BETE

2 kg Rote Bete
1 TL Salz
1 l Wasser
3 TL Salz
1/2 l Weißweinessig
150 g Kristallzucker
etwas Ingwer
1 TL Pfeffer
4 Lorbeerblätter
4 Gewürznelken
3 Zwiebeln

Die Roten Beten sauber waschen und putzen, dabei den Wurzelansatz nicht abschneiden, da die Roten Beten beim Kochen sonst trocken werden. || In einem Topf die Roten Beten mit dem Wasser übergießen und 1 TL Salz beifügen. Dies kocht man nun für gut 1 Stunde, bis die Roten Beten gar sind. Nach gut 1 Stunde wird das Wasser abgegossen und die Roten Beten mit kaltem Wasser abgeschreckt. || Nun die Zwiebeln klein schneiden und in einem weiteren Topf gemeinsam mit den restlichen Zutaten und dem 1 l Wasser zum Kochen bringen. Während man den Sud kocht, schält man die Roten Beten. Die Schale löst sich nun fast von selbst. || Die Roten Beten nun noch in Scheiben oder Stifte schneiden und in den Sud geben. Alles zusammen noch einmal kurz aufkochen lassen, dann die Roten Beten herausfischen und in die Gläser füllen. || Nun den Sud nochmals kurz aufkochen lassen und siedend heiß in die Gläser füllen, bis die Roten Beten gut bedeckt sind. Die Gläser rasch verschließen und langsam auskühlen lassen.

ROTE BETE MIT ÄPFELN

1 kg Rote Bete
3 Zwiebeln, klein geschnitten
3 Äpfel, in Spalten geschnitten
2 l Wasser
1/2 TL Pfefferkörner
2 Lorbeerblätter
3–4 Gewürznelken
1/2 l Weinessig
etwas Kristallzucker

Die Roten Beten werden gewaschen und in einem Topf mit Wasser für gut 1 Stunde gar gekocht. Anschließend mit kaltem Wasser abschrecken, die Roten Beten schälen und in dicke Scheiben schneiden. || In einem weiteren Topf wird nun der Sud angesetzt. Dazu werden die klein geschnittenen Zwiebeln und in Spalten geschnittenen Äpfeln in dem 1 l Wasser gemeinsam mit den restlichen Zutaten zum Kochen gebracht. || Nach ca. 5 Minuten leicht wallendem Kochen werden die Roten Beten dazugegeben. Jetzt lässt man die Masse für weitere 8 Minuten kochen und füllt sie anschließend in Gläser. Diese Gläser rasch verschließen und langsam auskühlen lassen.

SALBEI

SALBEISIRUP

1 kg Weißzucker
10 g Zitronensäure
1 l Wasser
1/2 l frische Salbeiblätter

Den Zucker mit der Zitronensäure im Wasser auflösen und ca. 3 Minuten aufkochen lassen. Das Zuckerwasser auf ca. 50 °C auskühlen lassen und dann über die Salbeiblätter gießen. || Der Ansatz soll nun für gut 24 Stunden ziehen, danach wird er durch ein feines Sieb oder Tuch geseiht. || Diesen Auszug jetzt noch einmal kurz auf 85 °C erhitzen und in saubere Flaschen füllen, diese sofort verschließen und liegend auskühlen lassen.

SALBEIHONIG

1 kg Bienenhonig
1/8 l frische Salbeiblätter
Saft und geraspelte Schale von 1 Zitrone
1 kl. Zimtstange

Der Honig wird mit den Salbeiblättern, dem Zitronensaft und der -schale gut verrührt, so dass keine Luft mehr an den Blättern hängt. || Die Zimtstange dazugeben und das Gemisch in ein heiß ausgewaschenes Glas geben, dieses gut verschließen und den Honig ca. 4 Wochen ziehen lassen.

☞ **TIPP** Salbeihonig ist im Geschmack erfrischend würzig. Die Kombination des für seine schleimlösenden Eigenschaften bekannten Salbeis und dem überaus gesunden Bienenhonig lassen das Honigbrot zum Frühstück schon fast zu einem Jungbrunnen der Gesundheit werden.

SANDDORNLIKÖR

500 g Sanddornbeeren
270 g Kristallzucker
1 l milder Brandy

Die Sanddornbeeren werden für ca. 10 Minuten leicht wallend gekocht, bis die Beeren gut zerfallen. Die Masse lässt man nun durch ein Tuch abrinnen, so dass man einen reinen Sanddornsaft erhält. || Den Saft nun nochmals leicht erwärmen, den Zucker darin gut auflösen und anschließend auskühlen lassen. || Der ausgekühlte Saft wird nun mit dem Alkohol vermischt. Den fertigen Likör füllt man in Flaschen ab und verschließt diese gut.

SANDDORNNEKTAR

500 g Sanddornbeeren
Saft von 1 Limette
1/2 l Wasser
100 g Kristallzucker

Die Früchte werden mit dem Limettensaft und dem Wasser in einem Topf gut weich gekocht. Dieser Brei wird dann mit der Flotten Lotte passiert, damit die Schalen und Kerne abgeschieden werden. || Der flüssige Fruchtbrei wird nun zusammen mit dem Zucker so lange erhitzt, bis sich der Zucker gut aufgelöst hat. Die Masse sollte nicht gekocht, sondern lediglich auf 85 °C erhitzt werden. Nach rund 5 Minuten hat sich bei gutem Rühren der Zucker aufgelöst. || Den heißen Nektar dann bei mindestens 80 °C in Flaschen füllen, diese rasch verschließen und zum Auskühlen umlegen. Nach dem Auskühlen kühl und dunkel gelagert, ist der Nektar mehrere Monate haltbar.

SAUERAMPFER

SAUERAMPFERPESTO

200 g Pinienkerne
200 g frische Sauerampferblätter
300 g Parmesan, frisch gerieben
1 Knoblauchzehe
ca. 200 ml kalt gepresstes Olivenöl
etwas Salz

In einer Pfanne die Pinienkerne mit etwas Öl leicht anrösten und anschließend erkalten lassen. Die Sauerampferblätter werden klein geschnitten, wobei man die Stiele und dicken Blattadern entfernt. || Zusammen mit den Pinienkernen, dem Parmesan und dem Knoblauch füllt man die Blätter in einen Küchenmixer. Unter Zugabe von etwas Olivenöl wird alles fein zerkleinert, bis es eine cremige Masse ergibt. || Das Pesto füllt man in Gläser und bedeckt es jeweils mit ca. 1/2 cm Olivenöl. Die Gläser werden fest verschlossen und kühl gelagert.

☞ **TIPP** Dieses besondere Pesto, das man in dieser Art nicht zu kaufen bekommt, ist hervorragend zum Füllen von Fleischgerichten geeignet und schmeckt auch sehr gut zu Pasta.

SAUERAMPFERESSIG

200 g frische Sauerampferblätter
ein paar Wacholderbeeren
3–5 Pimentkörner
2 Lorbeerblätter
1/2 TL Senfkörner
1/2 TL schwarze Pfefferkörner
1 l kräftiger Rotweinessig

Die Sauerampferblätter werden zusammen mit den Gewürzen in ein großes Glas gegeben. || Jetzt wird mit dem Essig aufgefüllt, so dass alles gut mit Essig bedeckt ist. Dieser Ansatz wird nun an einem dunklen, aber nicht zu kalten Ort aufgestellt. || Nach gut 5 Wochen werden die Blätter und Gewürze durch ein feines Tuch abgeseiht und dieses mit den Händen leicht ausgedrückt. Anschließend wird der Essig in Flaschen abgefüllt und diese gut verschlossen.

☞ **TIPP** Sauerampferessig eignet sich hervorragend zum Marinieren von Wildgerichten. Die Marinade mit diesem Essig macht das Fleisch fein mürbe. Auch an Blattsalaten ist der besondere Geschmack von diesem Essig eine besondere Bereicherung.

SCHLEHDORN

SCHLEHENESSIG

300 g Schlehen
2 l Weißweinessig

Die Schlehen werden im Weißweinessig für gut 10 Tage angesetzt. || Anschließend werden die Schlehen herausgenommen und der Essig vor dem Abfüllen auf ca. 55 °C erwärmt. || Den Essig heiß in Flaschen abfüllen, diese rasch verschließen und liegend auskühlen lassen.

TIPP Schlehenessig verfeinert Blattsalate durch seine fein herbe Würzigkeit.

SAUER EINGELEGTE SCHLEHEN

1 kg Schlehen
800 ml kräftiger Rotweinessig
200 ml Wasser
800 g brauner Rohrzucker
1 Zimtstange
5 Gewürznelken

Die Schlehen werden für gut 4 Tage bei mindestens -18°C tiefgefroren. || Den Essig zusammen mit dem Wasser, Zucker und den Gewürzen für ca. 15 Minuten leicht wallend kochen lassen. In den leicht kochenden Sud die gefrorenen Schlehen dazugeben und kurz ziehen lassen. || Anschließend die Schlehen mit einer Kelle herausfischen und in Gläser füllen. Die Gläser nun noch mit dem kochend heißem Sud auffüllen und sofort fest verschließen. Zum Auskühlen lässt man die Gläser an einem kühlen Ort ruhig stehen.

TIPP Bevor man diese Köstlichkeit zu verschiedensten Wildgerichten servieren kann, sollten die eingelegten Schlehen noch gut 6 Wochen ziehen, damit sich die Aromen gut entfalten können.

STACHELBEERE

STACHELBEERNEKTAR

1 kg Stachelbeeren
Saft von 1 Limette
1 l Wasser
300 g Kristallzucker

Die Früchte werden mit dem Limettensaft und dem Wasser in einem Topf gut weich gekocht. Dieser Brei wird dann mit der Flotten Lotte passiert, damit die Schalen und Kerne abgeschieden werden. || Der flüssige Fruchtbrei wird nun zusammen mit dem Zucker so lange erhitzt, bis sich der Zucker gut aufgelöst hat. Die Masse sollte nicht gekocht, sondern lediglich auf 85 °C erhitzt werden. Nach rund 5 Minuten hat sich bei gutem Rühren der Zucker gelöst. || Den heißen Nektar dann bei mindestens 80 °C in Flaschen füllen, diese rasch verschließen und zum Auskühlen umlegen. Nach dem Auskühlen kühl und dunkel gelagert, ist der Nektar mehrere Monate haltbar.

STACHELBEERKONFITÜRE MIT SAUVIGNON BLANC

1 kg Stachelbeeren
750 ml Sauvignon Blanc
2 kg Gelierzucker 1:1
Saft von 1 Limette

Die Stachelbeeren lässt man für ca. 10 Minuten leicht wallend kochen, bis sie gut zerfallen. Anschließend werden sie mit der Flotten Lotte passiert, um die Schalen und Kerne abzuscheiden. || Das erhaltene Fruchtmark wird mit dem Sauvignon Blanc und dem Gelierzucker vermengt und die Masse weitere 5 Minuten leicht wallend gekocht. || Die Konfitüre heiß in Gläser abfüllen, diese rasch verschließen und zum Auskühlen ruhig stehen lassen.

THYMIANLIKÖR

5 EL Thymian, getrocknet
1 Pkg. WICK-Halsbonbons
100 g Kandiszucker
1 l Wodka

Alle festen Zutaten in ein großes Glas geben und mit dem Alkohol übergießen. Den Ansatz an einem dunklen, aber nicht zu kühlen Ort für gut 3 Wochen ziehen lassen. Während dieser Zeit sollte man den Ansatz mehrmals umrühren. || Nach gut 3 Wochen wird der Ansatz durch ein feines Tuch geseiht und der Likör in Flaschen gefüllt.

THYMIANÖL

1/4 l frischer Thymian
2 EL Pfefferkörner
3 Sternanise
1/2 l kalt gepresstes Olivenöl

Alle Zutaten in ein großes Glas geben und an einem dunklen, aber nicht zu kühlen Ort stehen lassen. || Nach gut 3 Wochen werden die Kräuter abgeseiht und das Öl in Flaschen gefüllt.

TOMATENPESTO – PESTO ROSSO

1 kg Tomaten, getrocknet
300 g frische Tomaten
100 g Peperoncini
100 g Knoblauch
50 g frische Basilikumblätter
25 g frische Rosmarinnadeln
50 g Salz
300 ml kalt gepresstes Olivenöl

Alle Zutaten werden in einer Küchenmaschine mit scharfen Messern zerkleinert. || Wichtig ist, dass die Zutaten beim Zerkleinern nicht warm werden, weshalb die Zutaten kurz und schnell zerkleinert werden sollten. Je feiner zerkleinert wird, desto cremiger wird das Pesto. Jedoch ist es für das Auge des Genießers von Vorteil, wenn man kleine Stücke von Tomaten und Teile der Gewürzblätter noch erkennen kann. || Nach dem Zerkleinern wir das Öl langsam eingerührt. In Gläser abgefüllt und gekühlt gelagert, ist dieses Pesto 2–3 Wochen haltbar. Um die Haltbarkeit zu verlängern, könnte man die Gläser nach dem Verschließen noch pasteurisieren.

☞ **TIPP** Pesto rosso passt sehr gut zu Fisch oder Hühnchenbrust vom Grill. Die getrockneten Tomaten entfalten bei hellem Fleisch ihre vollen Aromen und runden mit der milden Süße den Geschmack perfekt ab. Aber auch als feiner Brotaufstriche ist das Pesto rosso eine vorzügliche Abwechslung.

TOMATENMARK FÜRS HAUSGEMACHTE SUGO

2 kg Tomaten
1 Schuss Essig
etwas Salz
1 Prise Kristallzucker

Die Tomaten werden in Stücke geschnitten und in einem Topf weich gekocht. Nach ca. 15 Minuten nimmt man den Topf vom Herd, lässt die Tomatenstücke auskühlen und passiert sie anschließend. || Das entstandene Mark nochmals erhitzen und gut 1/2 Stunde leicht wallend köcheln lassen. || Zum Schluss mit etwas Essig, Salz und Zucker abschmecken und in Gläser abfüllen. Die Gläser zum Auskühlen auf den Kopf stellen und ruhig stehen lassen.

☞ **TIPP** Dieses Tomatenmark kann in der Küche vielseitig eingesetzt werden – z.B. als Basis für Tomatensuppe oder Sugo.

TOMATENSUPPE

1 kg Tomaten
1/2 kg Zwiebeln
etwas kalt gepresstes Olivenöl
etwas Oregano
etwas Salz
etwas Pfeffer
1 Prise Kristallzucker

Die Tomaten werden kleinwürfelig geschnitten und mit etwas Wasser in einem Topf weich gekocht. Anschließend werden die Tomatenstücke durch ein feines Sieb passiert. || Die Zwiebeln kleinwürfelig schneiden und in einem Topf mit etwas Öl goldgelb anschwitzen. || Nun das Tomatenpüree zu den Zwiebeln geben und mit Oregano, Salz, Pfeffer und Zucker abschmecken. Die Masse lässt man nun noch ca. 5 Minuten leicht wallend kochen. || Die Tomatensuppe kochend heiß in saubere Gläser abfüllen, diese sofort verschließen und zum Auskühlen ruhig stehen lassen.

☞ **TIPP** Selbst gemachte Tomatensuppe kann so köstlich schmecken, dass man keine andere mehr essen mag. Warum also diese Köstlichkeit nicht einfach einmachen und für den Winter bevorraten?

GETROCKNETE TOMATEN

1 kg frische Tomaten
1 Knoblauchzehe, gehackt
1 EL diverse Gewürze, gehackt (Oregano, Thymian, Majoran, Rosmarin u.a.)
etwas Salz
ca. 300 ml kalt gepresstes Olivenöl
evtl. Knoblauchzehen, geschält, oder Rosmarinzweige

Getrocknete Tomaten kennt man vom Italiener und von verschiedenen kalten Vorspeisen. Diese Kostbarkeit selbst herzustellen, ist aber keine Hexerei und wie bei fast allem schmeckt das Selbstgemachte einfach besser.

Die Tomaten werden halbiert und der grüne Strunk etwas herausgeschnitten. Die gehackten Gewürze und der Knoblauch werden über die Tomatenhälften gestreut und das Ganze dann bei 100 °C Heißluft im Backrohr für ca. 3–5 Stunden getrocknet. Die Tür des Backrohrs soll dabei einen Spalt offen bleiben, damit die Feuchtigkeit entweichen kann. Dazu klemmt man einfach einen Holzkochlöffel in die Tür. || Nach dem Trocknen die Tomaten auskühlen lassen, anschließend in ein gut verschließbares Glas legen und mit dem kalt gepresstem Olivenöl übergießen. Zur Dekoration können noch geschälte Knoblauchzehen oder Rosmarinzweige eingelegt werden.

TOMATENCHUTNEY MIT GRÜNEN TOMATEN

1 kg grüne Tomaten
250 g Zwiebeln
80 g Rosinen
300 g Gelierzucker 3:1
300 ml Weißweinessig
1 TL englischer Senf
1 EL Curry
2 TL Cayennepfeffer
1 TL Ingwer gerieben
1 TL Rosenpaprika

Die Tomaten und Zwiebeln würfelig schneiden, gut einsalzen über Nacht stehen lassen. || Nach gut 12 Stunden wird das gezogene Wasser abgeschieden und die Tomaten mit der Hand leicht ausgedrückt. || In einem Topf lässt man die Tomaten und Zwiebeln anschließend für ca. 60 Minuten leicht wallend köcheln. Achtung: Die Masse brennt sehr leicht an und muss daher gut umgerührt und auf kleiner Flamme gekocht werden. || Inzwischen werden die Rosinen klein geschnitten und mit den restlichen Gewürzen gut vermischt. Nach ca. 1 Stunde Kochzeit werden dem Gemüse die Gewürze samt Rosinen und der Gelierzucker beigefügt. || Jetzt alles zusammen weitere 5 Minuten leicht wallend kochen lassen und das Chutney dann kochend heiß in Gläser abfüllen. Die Gläser rasch verschließen und zum Auskühlen ruhig stehen lassen.

GRÜNE TOMATENKONFITÜRE

1 kg grüne Tomaten
Saft von 1 Zitrone
1 kg Gelierzucker 1:1

Die Tomaten waschen und dann in einer Küchenmaschine zu einem feinen Brei zerkleinern. || Den Brei anschließend zusammen mit dem Zitronensaft und dem Gelierzucker in einer Pfanne für 5 Minuten leicht wallend kochen lassen und dann rasch in Gläser abfüllen. Die Gläser gut verschließen und zum Auskühlen ruhig stehen lassen.

EINGELEGTE GRÜNE TOMATEN

1 l Weißweinessig
1 TL Senfkörner
1 TL schwarze Pfefferkörner
5 Wacholderbeeren
2 Lorbeerblätter
1 TL Salz
ein paar Kümmelsamen
2–3 Pimentkörner
1 kg grüne Tomaten

Der Essig wird mit den Gewürzen für gut 10 Minuten leicht wallend gekocht. In der Zwischenzeit werden die Tomaten geviertelt bzw. halbiert; kleine Tomaten, z.B. Cocktailtomaten, können ganz belassen werden. || Nach rund 10 Minuten Kochen werden die Tomaten in den kochenden Sud dazugegeben und für ca. 5 Minuten mitgekocht. || Anschließend werden die Tomaten samt kochend heißem Sud in Gläser gefüllt, welche rasch verschlossen werden. Die Gläser sollten jetzt noch ca. 5 Wochen an einem kühlen und lichtgeschützten Ort ziehen, bevor man die Tomaten als Beilage oder Antipasti serviert.

SAUER EINGELEGTE KIRSCHTOMATEN

4 mittlere Zwiebeln
3 Knoblauchzehen
1 Rosmarinzweig
ein paar Wacholderbeeren
1 TL Pfefferkörner
1 TL Senfkörner
1/2 TL Koriandersamen
2 l Weißweinessig
1 kg reife Kirschtomaten

Die Zwiebeln und der Knoblauch werden geschält und geviertelt. Zusammen mit den Gewürzen werden diese dann im Essig für gut 15 Minuten leicht wallend gekocht. || Nach 15 Minuten gibt man die Kirschtomaten hinzu und lässt alles zusammen für weitere 5 Minuten leicht wallend weiterkochen. || Nun werden die Kirschtomaten mit einer Kelle herausgefischt und in Gläser gefüllt. Die Zwiebeln, Knoblauchstücke und Gewürze werden auf die Gläser aufgeteilt. Die Gläser werden zum Schluss mit dem kochend heißen Sud aufgefüllt und sofort verschlossen.

TOMATENKETCHUP

1 rote Zwiebel
2 Knoblauchzehen
1 Apfel (am besten Granny Smith)
2 kg reife Tomaten
1 Rosmarinzweig
1 Schuss Olivenöl
etwas Salz
etwas Pfeffer
1 Prise Kristallzucker
1 Prise Muskat
1 Schuss Weißweinessig

Zwiebel und Knoblauch schälen und fein hacken. Den Apfel schälen, entkernen und in kleine Stücke schneiden. || Die Tomaten in Stücke schneiden und mit dem klein geschnittenen Apfel und dem Rosmarinzweig in einem Topf weich kochen und anschließend passieren. || In einem Topf werden die klein geschnittenen Zwiebel- und Knoblauchstücke in 1 Schuss Olivenöl etwas angeschwitzt. Das passierte Tomaten-Apfel-Mark wird jetzt zum angeschwitzten Zwiebel und Knoblauch gegeben. Diese Masse lässt man nun auf kleinster Flamme für gut 1 Stunde leicht köcheln. || Nach ca. 1 Stunde wird mit Salz, Pfeffer, Zucker, 1 Prise Muskat und einem Schuss Essig abgeschmeckt und das fertige Ketchup dann kochend heiß in Flaschen mit einer großen Öffnung gefüllt. Die Flaschen rasch verschließen und zum Auskühlen umlegen.

☞ **TIPP** Als Variante kann auch ein Tomaten-Curry-Ketchup hergestellt werden. Hierzu gibt man zum Zwiebel und Knoblauch beim Anschwitzen noch gut 3 EL Currypulver dazu. Auch eine scharfe Variante mit Chili ist möglich.

TOPINAMBUR

TOPINAMBUR-APFEL-KONFITÜRE

500 g Topinambur, geschält
500 g Äpfel, geschält und entkernt
2 EL Pfefferminzblätter
1 Zimtstange
1/8 l Wasser
15 g frischer Ingwer, gerieben
1 kg Gelierzucker 1:1

Die Topinambur und Äpfel klein schneiden und gemeinsam mit der Pfefferminze und Zimtstange in einem Topf zum Kochen bringen. Damit die Früchte nicht anbrennen, gibt man hier gut 1/8 l Wasser dazu. || Die Früchte lässt man für gut 20 Minuten weich kochen. Anschließend fischt man die Pfefferminzblätter und Zimtstange wieder heraus und gibt den frisch geriebenen Ingwer dazu. Mit einem Pürierstab wird die Masse nun zu einem feinen Brei verarbeitet und anschließend wieder erhitzt. || Sobald die Masse leicht köchelt, gibt man den Gelierzucker dazu und lässt alles zusammen für weitere 7 Minuten leicht wallend kochen. || Die Konfitüre kochend heiß in Gläser füllen und dies rasch verschließen.

TOPINAMBUR-KÜRBIS-KONFITÜRE

500 g Topinambur, geschält
500 g Kürbis, geschält und entkernt
2 EL kandierter Ingwer, klein geschnitten
Saft von 1 Zitrone
2 TL Koriander, gemahlen
1/8 l Wasser
1 kg Gelierzucker 1:1

Topinambur und Kürbis klein schneiden und mit dem klein geschnittenen Ingwer, dem Zitronensaft und dem Koriander zum Kochen bringen. Damit die Früchte nicht anbrennen, den 1/8 l Wasser dazugeben und ständig gut umrühren. || Nach gut 20 Minuten nimmt man den Topf vom Herd und püriert die Masse. || Jetzt den Gelierzucker beimengen und alles zusammen weitere 6 Minuten leicht wallend kochen lassen. || Die Konfitüre heiß in Gläser füllen, diese rasch verschließen und langsam auskühlen lassen.

TOPINAMBURGEIST

500 g Topinamburknollen
1 l Wodka
etwas Blütenhonig
(am besten Akazienhonig)

Die Knollen werden gewaschen, in kleine Stücke geschnitten und für 3 Tage in den Wodka eingelegt. || Nach ca. 3 Tagen wird der Ansatz in ein Tischbrenngerät gefüllt und auf kleiner Flamme destilliert. Nachdem man ca. 1 l Destillat aufgefangen hat, wird der Destillationsvorgang beendet. || Das Destillat wird jetzt noch mit etwas Blütenhonig gesüßt, um einen milden runden Geschmack zu erhalten.

TRAUBE

TRAUBENSAFT

10 kg frische Trauben

Die Trauben werden von den Kämmen (Stielgerüst) gezupft und dann mit einer Saftzentrifuge oder einer kleinen Presse ausgepresst. Der erhaltene Saft wird durch ein feines Tuch geseiht und dann in einem Topf auf ca. 85 °C erhitzt. Den heißen Saft rasch in Flaschen füllen und diese sofort verschließen. Zum Auskühlen die Flaschen umlegen und später dann kühl und dunkel lagern.

TRAUBENNEKTAR

3 kg Trauben
3 l Wasser
500 g Kristallzucker

Die Trauben werden von den Kämmen (Stielgerüst) gezupft und in einem Topf leicht wallend für ca. 4 Minuten gekocht. Die weichen Beeren lässt man nun auskühlen und passiert sie dann, um Kerne und Schalen zu entfernen. || Das Fruchtmark wird nun mit dem Wasser und dem Zucker auf ca. 85 °C so lange erhitzt, bis sich der Zucker zur Gänze gelöst hat. || Den Nektar im noch heißen Zustand in Flaschen füllen und diese liegend auskühlen lassen.

☞ **TIPP** Traubennektar, aus Trauben von der Sorte Isabella hergestellt, schmeckt mit Sodawasser verdünnt hervorragend an heißen Tagen.

GETROCKNETE TRAUBEN – ROSINEN

2 kg Trauben

Die Trauben werden von den Kämmen (Stielgerüst) gezupft, auf einem Backblech verteilt und im vorgeheizten Backofen bei 50–60 °C Heißluft getrocknet. Der Backofen bleibt während des Trocknens ein Spalt geöffnet, damit die Feuchtigkeit abziehen kann. || Die Beeren werden für mehrere Stunden getrocknet. Die Dauer variiert, je nachdem wie trocken man die Beeren haben möchte. Trockene Beeren werden als Korinthen und eher noch feucht-lederartige als Rosinen bezeichnet.

TRAUBENKONFITÜRE MIT BRANDY

1 kg Trauben
Saft von 1/2 Zitrone
1 kg Gelierzucker 1:1
1/8 l milder Brandy

Die Trauben waschen und halbieren. In einem Topf mit dem Zitronensaft zum Kochen bringen und ca. 5 Minuten leicht wallend kochen lassen. || Anschließend den Gelierzucker einrühren und alles zusammen weitere 4 Minuten leicht wallend kochen lassen. || Abschließend noch den Brandy einrühren, die Konfitüre nochmals ganz kurz aufkochen lassen und heiß in saubere Gläser füllen. Die Gläser rasch verschließen und zum Auskühlen ruhig stehen lassen.

WEIN- UND CHAMPAGNERGELEE

750 ml Wein (rot oder weiß)
oder Champagner
750 g Gelierzucker 1:1

Den Wein oder Champagner erhitzen, bis die Flüssigkeit leicht wallend kocht. Dieser heißen Flüssigkeit nun den Gelierzucker beifügen und alles zusammen für weitere 5 Minuten leicht wallend kochen lassen. || Das Gelee noch heiß in Gläser abfüllen, diese rasch verschließen und zum Auskühlen an einem kühlen Ort ruhig stehen lassen.

☞ **TIPP** Wein- und Champagnergelees passen hervorragend zu Pasteten oder verschiedensten Räucherwaren wie Bündner Fleisch oder Schinkenspeck.

VERJUS-SPEISEWÜRZE AUS GRÜNEN TRAUBEN

grüne, unreife Trauben,
welche Mitte bis Ende Juli
geerntet werden

Die noch grünen und unreifen Trauben werden entweder mit einer Saftzentrifuge entsaftet oder mit einer kleinen Presse ausgepresst. Der erhaltene Saft ist sehr sauer und hat ein geringes Traubenaroma. Mit vorangeschrittenem Weichwerden der Trauben verstärkt sich das Traubenaroma und der Saft wird dann auch sehr schnell braun. || Den gepressten Saft durch ein feines Tuch filtrieren und in einem Topf auf 85 °C erhitzen. Den heißen Saft anschließend gleich in Flaschen füllen und diese raschestens verschließen. Zum Auskühlen legt man die Flaschen um, damit auch der Verschluss richtig pasteurisiert wird.

☞ **TIPP** Verjus ist eine alte Speisewürze und wird zum Marinieren von Salaten oder Ähnlichem verwendet. Beim Kochen kann Verjus auch als Ersatz für Zitronensaft verwendet werden.

VANILLEZUCKER

3 Vanilleschoten
1 kg Staub- oder Feinkristallzucker

Die Vanilleschoten werden der Länge nach in der Mitte aufgeschnitten und zusammen mit dem Puder- oder Feinkristallzucker in ein gut verschließbares Glas gegeben. || Die Schoten lässt man mehrere Wochen im Zucker und schüttelt während dieser Zeit das Glas des Öfteren. So hat der Zucker Zeit, die Feuchtigkeit aus den Schoten zu ziehen und nimmt dadurch den Geschmack der Vanille an.

☞ **TIPP** Bei selbst erzeugtem Vanillezucker hat man die Gewissheit, dass keine künstlichen Aromastoffe zum Einsatz gekommen sind.

VANILLEGEIST

5 Vanilleschoten
1,5 l Wodka
evtl. etwas Blütenhonig

Die Vanilleschoten werden der Länge nach in der Mitte aufgeschnitten und für 2 Tage im Wodka angesetzt. || Der Ansatz wird nach 2 Tagen in ein Tischbrenngerät gefüllt und langsam destilliert. Nachdem man ca. 800 ml Destillat erhalten hat, wird die Destillation beendet. || Der Vanillegeist kann mit etwas Blütenhonig gesüßt und so zu feinen Nachspeisen gereicht werden.

☞ **TIPP** Eine andere Verwendungsmöglichkeit für diesen fein aromatischen Geist ist die Herstellung von Himbeerlikör (siehe Rezept S. 125) mit diesem Geist als Basisalkohol. In diesem Fall wird der im Rezept verwendete Weingeist durch die dreifache Menge Vanillegeist ersetzt.

WACHOLDER

WACHOLDERGEIST

200 g Wacholderbeeren
2 l Wodka

Die Wacholderbeeren werden in einem Steinmörser leicht angedrückt und dann für 2 Tage im Wodka angesetzt. || Der Ansatz wird anschließend in ein Tischbrenngerät gefüllt und auf kleiner Flamme langsam destilliert. Nachdem man ca. 1,3 l Destillat erhalten hat, wird die Destillation beendet. || Das erhaltene Destillat nun in Flaschen abfüllen und dunkel lagern.

☞ **TIPP** Wacholdergeist kann in Cocktails oder auch zum Kochen verwendet werden.

GIN

200 g Wacholderbeeren
5 Gewürznelken
10 Korianderkörner
10 schwarze Pfefferkörner
etwas Rosmarin
4 Kardamomsamen
einige Anissamen
1 EL Rosenblüten
verschiedenste Gewürze und Wurzeln nach eigenem Geschmack
etwas Mandarinenschale
1 Zitrone, in Scheiben geschnitten
1 l Weingeist, 96%ig

Die Wacholderbeeren und Gewürze in einem Steinmörser leicht andrücken und zusammen mit den restlichen Zutaten im Weingeist für 1 Tag ansetzen. || Nach 1 Tag ca. 1 l Wasser dazugeben und alles zusammen in ein Tischbrenngerät füllen. Den Ansatz auf kleinster Flamme langsam erhitzen und destillieren. Wenn rund 1,3 l Destillat gewonnen wurde, wird der Destillationsvorgang beendet und der Gin in Flaschen abgefüllt.

☞ **TIPP** Der erhaltene Gin hat rund 50 % vol und kann auf Eis oder als Longdrink genossen werden.

WALNUSS

(GRÜNE UND REIFE)

WALNUSSLIKÖR MIT GRÜNEN NÜSSEN

2 kg grüne, unreife Walnüsse, Mitte Juni geerntet
1 Orange
1 Zitrone
1 kg Kristallzucker
1 TL Kamillenblüten
1 Vanilleschote
1 TL Minzblätter
5 Kardamomsamen
3 Gewürznelken
1/2 Zimtstange
2 l Weingeist, 96%ig

Die Nüsse und Zitrusfrüchte werden in kleine Stücke geschnitten und zusammen mit den Kräutern und Gewürzen im Weingeist angesetzt. Dieser Ansatz wird für 4 Wochen an einem nicht zu kühlen, aber lichtgeschützten Ort aufgestellt. Zur Verbesserung der Auslaugung wird der Ansatz mit einem Kochlöffel mehrmals umgerührt. || Dieser Ansatz wird dann nach gut 4 Wochen durch ein feines Tuch geseiht und dieses leicht ausgedrückt. || Der Rückstand im Tuch wird nun mit ca. 3 l Wasser angesetzt und für weitere 2 Tage stehen gelassen. Dadurch wird der Alkohol, der sich in den Nüssen und Gewürzen angereichert hat, herausgeholt. Nach 2 Tagen wird dieser wässrige Ansatz ebenfalls durch ein feines Tuch geseiht und dieses wieder mit der Hand leicht ausgedrückt. || Das erhaltene Wasser wird nun leicht erwärmt und der Zucker darin aufgelöst. Nun wird die erhaltene Flüssigkeit mit dem alkoholischen Auszug vermischt und in Flaschen abgefüllt. Der fertige Nusslikör muss noch für ca. 4 Wochen nachreifen und kann anschließend als fein milder Digestif serviert werden.

☞ **TIPP** Der Weingeist kann auch durch einen Grappa ersetzt werden, wobei dann die verwendete Wassermenge auf 1 l anstatt 3 l reduziert werden muss.

WALNUSSHONIG

500 g reife Walnusskerne
500 g Waldhonig

Zuerst werden die Walnüsse in Gläser geschlichtet, so dass möglichst wenig Luft dazwischen ist. || Der Honig wird im Wasserbad auf ca. 45 °C erwärmt und damit dünnflüssig gemacht. Anschließend gießt man den Honig über die Nüsse. Dabei ist darauf zu achten, dass keine Luftblasen zurückbleiben. Es wird so viel Honig über die Nüsse gegossen, bis diese mit ca. 1 cm Honig gut überdeckt sind. Die Gläser dann fest verschließen und ca. 6 Wochen ziehen lassen.

☞ **TIPP** Honignüsse schmecken köstlich auf Eisbechern oder im Frühstücksmüsli.

SCHWARZE NÜSSE – EINGELEGTE GRÜNE WALNÜSSE

2 kg grüne, noch unreife Walnüsse, welche am besten Mitte Juni geerntet werden
400 ml Weißweinessig
200 ml Wasser
1 kg Kristallzucker
1 Zimtstange
1 EL Gewürznelken
Schale von 1 Zitrone

Mit einer groben Nadel mehrmals in die Schale der Nüsse einstechen. Dazu verwendet man am besten eine Stopfnadel und Handschuhe, da der Saft der Nüsse die Hände sonst kräftig braun färbt. || Die gestochenen Nüsse nun in frischem Wasser für 5 Minuten kochen, danach herausnehmen und abtropfen lassen. || Der Essig wird mit den 200 ml Wasser und den restlichen Zutaten zu einer dicklichen Flüssigkeit eingekocht. || Diesen Sud anschließend etwas auskühlen lassen, dann über die Nüsse gießen und 1 Tag stehen lassen. Am nächsten Tag werden die Nüsse dann in diesem Sud etwas weich gekocht. || Anschließend die Nüsse mit einer Kelle herausfischen, in Gläser geben und diese mit dem kochend heißen Sud auffüllen. Die Gläser rasch verschließen und langsam auskühlen lassen.

☞ **TIPP** Schwarze Nüsse sind eine extravagante und äußerst schmackhafte Beilage zu Wildgerichten oder dunklem Fleisch.

WALNUSSPESTO

300 g Walnusskerne
300 g Parmesan
100 g Basilikum
ca. 400 ml kalt gepresstes Olivenöl
etwas Salz

Die Walnusskerne mit etwas Öl in einer Pfanne leicht anrösten und auskühlen lassen. Anschließend die Walnusskerne fein hacken und mit den restlichen, ebenso fein gehackten Zutaten gut vermischen. Das feine Hacken gelingt am einfachsten mit einem Wiegemesser. || Den gemischten Zutaten jetzt löffelweise das Olivenöl beigeben und alles gut mischen, bis sich ein streichfähiges Pesto ergibt. Zum Schluss mit etwas Salz abschmecken. || Das fertige Pesto in Gläser füllen und jeweils mit ca. 1 cm Olivenöl bedecken. Die Gläser gut verschließen und an einem kühlen, dunklen Ort lagern.

TIPP Das nussig-würzige Pesto findet vielfältige Einsatzmöglichkeiten in der Küche: von verschiedenen Pastagerichten bis hin zur Fülle von Fleischspeisen sind die Einsatzmöglichkeiten nahezu endlos.

ZIMTLIKÖR

1 Orange
10 Zimtstangen
200 g Kristallzucker
1 l milder Brandy

Die Orange in Scheiben schneiden und mit den Zimtstangen und dem Zucker in ein großes Glas geben. Anschließend den Brandy dazugeben und den Ansatz für gut 4 Wochen an einem dunklen, aber nicht zu hellen Ort stehen lassen. || Nach ca. 1 Monat wird der Likör durch ein feines Tuch abgeseiht und in Flaschen gefüllt.

ZIMTGEIST

100 g Zimtstangen
800 ml Wodka

Die Zimtstangen werden für 12 Stunden in den Alkohol eingelegt und anschließend in das Tischbrenngerät gefüllt. || Nun wird der Ansatz langsam erwärmt, bis die Destillation beginnt. Nachdem gut 1/2 l Destillat erhalten wurden, beendet man die Destillation.

TIPP Zimtgeist kann als Gewürz in verschiedensten Speisen oder Verarbeitungsprodukten verwendet werden.

ZITRONE

ZITRONENMARMELADE

1 kg Zitronen, geschält
Schale von 1 Zitrone
1 kg Gelierzucker 1:1
1 TL Ingwer, gerieben
1 Schuss Cointreau

Die geschälten Zitronen kleinwürfelig schneiden. Die Zitronenschale mit einem scharfen Messer in feine Streifen schneiden. In einem Topf werden die Zitronenwürfel mit der fein geschnittenen Schale und dem geriebenen Ingwer zum Kochen gebracht. || Nach gut 15 Minuten leicht wallendem Kochen wird der Gelierzucker dazugegeben und gut eingerührt. Jetzt die Masse noch weitere 6 Minuten leicht wallend kochen lassen und zum Schluss mit 1 Schuss Cointreau abschmecken. || Die kochend heiße Marmelade in Gläser füllen und diese rasch verschließen.

☞ TIPP Zitronenmarmelade ist eine typisch englische Köstlichkeit für den Frühstückstisch.

ZITRONENÖL

2 Zitronenschalen
1 l kalt gepresstes Olivenöl

Die Schalen werden am einfachsten mit einem Spargelschäler von den Zitronen geschält. Man braucht nur den obersten Teil der Schale, da sich in diesem das gewünschte ätherische Öl befindet. || Die Schalen anschließend in ein verschließbares Glas geben und mit dem Olivenöl übergießen. Das Glas nun für mehrere Wochen an einen warmen, aber lichtgeschützten Platz stellen. Während dieser Zeit wird das Öl zuerst trübe und dann am Ende wieder klar. || Nun kann man das klare Öl von den Schalen vorsichtig abgießen und in Flaschen füllen.

☞ TIPP Dieses Zitronenöl verfeinert vielerlei Speisen – als sparsam eingesetzte Würze passt es beispielsweise sehr gut zu Tomaten- oder Nudelsalat.

ZITRONENSAFT

10 gr. Zitronen

Die Zitronen mit einer Saftpresse gut auspressen und den erhaltenen Saft durch ein feines Sieb von den Kernen und dem Fruchtfleisch befreien. || Den erhaltenen Saft in einem Topf nun auf ca. 85 °C erhitzen und dann heiß in Flaschen abfüllen. Die Flaschen sofort verschließen und zum Auskühlen umlegen.

TIPP Dieser Zitronensaft kann vielfach eingesetzt werden. Durch das schonende Haltbarmachen durch die Pasteurisation bleiben auch viele der wertvollen Inhaltsstoffe erhalten.

SALZZITRONEN

8 Zitronen
300 g grobes Meersalz
50 ml kalt gepresstes Olivenöl

Die Zitronen werden mit lauwarmem Wasser gut gewaschen und anschließend abgetrocknet. Mit einem scharfen Messer werden 7 Zitronen der Länge nach geviertelt, aber nicht durchgeschnitten. Der Schnitt wird so ausgeführt, dass die Frucht am Stielansatz zusammengehalten wird und nicht auseinanderfällt. || Nun wird in jede der 7 Zitronen 1 EL Meersalz gegeben und die Zitronen werden anschließend wieder gut zusammengedrückt. In ein großes Glas am Boden etwas Salz einstreuen und dann diese Zitronen nach und nach einlegen. Die Zitronen sollten gut hineingedrückt werden, so dass die Hohlräume dazwischen etwas verkleinert werden. || Nun von der verbliebenen Zitrone den Saft auspressen und in das Glas gießen. Zum Abschluss das restliche Salz über die Zitronen im Glas geben. || In einem Topf ca. 2 l Wasser zum Kochen bringen und siedend heiß über die Zitronen im Glas leeren, bis diese gut bedeckt sind. Den Ansatz noch etwas auskühlen lassen, anschließend das Glas noch mit gut 50 ml Olivenöl zum Luftabschluss auffüllen und fest verschließen. Diesen Ansatz nun für gut 4 Wochen an einem warmen, aber lichtgeschützten Ort zum Ziehen stehen lassen.

TIPP Marokkanische Salzzitronen eignen sich – in dünne Streifen geschnitten – hervorragend zum Verfeinern von Hühner- oder Rindfleisch sowie zum Abschmecken von Salaten. Wenn die Zitronen zu salzig sind, können sie vor der Verwendung mit Wasser leicht gespült werden. Kühl gelagert hält sich diese Köstlichkeit über mehrere Monate.

SALZZITRONEN

ZITRONENGEIST

4 kl. Zitronen
2 l Wodka

Die Zitronen werden in Scheiben geschnitten und für ca. 2 Tage im Wodka angesetzt. || Anschließend wird der Ansatz zur Gänze in ein Tischbrenngerät gefüllt und auf niedriger Stufe langsam erhitzt. Die Destillation soll sehr langsam erfolgen, um die Aromen der Zitronen möglichst zu schonen. || Nachdem man rund 1,5 l Destillat aufgefangen hat, wird die Destillation beendet. Das erhaltene Destillat nun in Flaschen füllen und kühl lagern

☞ **TIPP** Dieser Zitronengeist kann auf Eiswürfel als Aperitif oder auch als Alkoholbasis für den Limoncello verwendet werden.

ZITRONENLIKÖR/LIMONCELLO

8 gr. Zitronen
1 l Wasser
400 g Kristallzucker
1 l Weingeist, 96%ig

Die Zitronen werden mit einem Sparschäler (Spargelschäler) geschält. Beim Schälen sollte man darauf achten, dass nicht zu viel weiße Schale mit dabei ist. Diese weiße Schale, auch Albedo genannt, schmeckt bitter und enthält nicht das gewünschte ätherische Öl. || Die Schalen werden in einem Glas mit dem Alkohol übergossen, so dass die Schalen gut bedeckt sind. Dieser Ansatz wird nun an einem nicht zu kühlen, aber dunklen Ort aufgestellt und täglich mit einem Kochlöffel umgerührt. Nach ca. 6 Wochen werden die Zitronenschalen durch ein feines Tuch abgeseiht und dieses mit den Händen leicht ausgedrückt. || In einem Topf das Wasser erhitzen und den Zucker einrühren. Das Zuckerwasser für ca. 8 Minuten leicht wallen und anschließend auskühlen lassen. || Nun das Zuckerwasser mit dem Alkohol vom Zitronenschalenansatz vermischen und den Likör in Flaschen abfüllen. Die Flaschen fest verschließen und kühl und dunkel lagern.

☞ **TIPP** Limoncello zaubert den Urlaub auf die Veranda zu Hause. Gut gekühlt und auf Eis serviert, schmeckt dieser Likör besonders an heißen Sommertagen. Das Fruchtfleisch von den Zitronen kann zu einer köstlichen Zitronenmarmelade (siehe Rezept S. 320) verarbeitet werden.

ZUCCHINI

ZUCCHINICHIPS

1 mittlere Zucchini
etwas Rosmarin, gemörsert

Die Zucchini werden mit einem scharfen Messer in dünne Scheiben geschnitten und mit Rosmarin bestreut. Je nach Geschmack können auch andere Gewürze verwendet werden. Die Scheiben sollten aber nicht gesalzen werden, da sie dann beim Trocknen zäh und nass werden. || Die gewürzten Scheiben werden nun auf ein Backgitter aufgelegt und im vorgeheizten Backrohr bei ca. 50–60 °C Heißluft getrocknet, bis sie rascheltrocken sind. || Nach dem Auskühlen die Zucchinichips in luftdichte Behälter, z.B. Tupperboxen, füllen und diese gut verschließen. Trocken gelagert halten sich diese Chips über mehrere Wochen.

ZUCCHINIRELISH

1 kg Zucchini
3 Zwiebeln
2 Knoblauchzehen
2 EL Kristallzucker
1/2 TL Senfkörner
1/2 TL schwarze Pfefferkörner
1/2 TL Wacholderbeeren
1 Schuss Weißweinessig
300 g Gelierzucker 3:1
etwas Salz

Die Zucchini und Zwiebeln in kleine Würfel, den Knoblauch in hauchdünne Scheiben schneiden. || In einem Topf den Zucker etwas karamellisieren und mit 1 Schuss Essig ablöschen. Jetzt die Zucchini, Zwiebeln, den Knoblauch und sämtliche Gewürze dazugeben. Alles zusammen lässt man nun für gut 30 Minuten leicht wallend kochen. || Abschließend den Gelierzucker hinzufügen und die Masse noch weitere 5 Minuten leicht wallend kochen lassen. Kurz bevor man das Relish in Gläser abfüllt, wird noch mit Salz abgeschmeckt. || Das Relish kochend heiß in Gläser abfüllen, diese rasch verschließen und zum Auskühlen ruhig stehen lassen. Bevor man das Relish das erste Mal verkostet, sollte es ca. 4 Wochen ziehen, damit sämtliche Aromen zur Geltung kommen.

GEBRATENE ODER GEGRILLTE ZUCCHINI IN ÖL

1 mittlere Zucchini
mediterrane Gewürze wie Thymian, Rosmarin
ca. 300 ml kalt gepresstes Olivenöl
3 Knoblauchzehen, geschält und klein geschnitten
etwas Salz

Die Zucchini wird mit einem scharfen Messer in dünne Spalten geschnitten und diese werden mit verschiedenen mediterranen Gewürzen leicht gewürzt. || Die Zucchinispalten werden nun in einer Pfanne mit etwas Öl und dem klein geschnittenen Knoblauch auf beiden Seiten gut angebraten. Wahlweise können die Spalten auch auf einem Grill gegrillt werden, um ein ganz besonderes Aroma zu erhalten. Diese gebratenen bzw. gegrillten Zucchinispalten lässt man dann etwas auskühlen und schmeckt sie mit Salz ab. || In einem gut verschließbaren Glas wird etwas Olivenöl vorgelegt und anschließend werden die ausgekühlten Zucchinispalten hineingeschichtet. Dabei muss darauf geachtet werden, dass die Scheiben immer gut mit Olivenöl bedeckt sind, damit sich beim Einlegen keine Lufteinschlüsse bilden. Abschließend die Zucchinispalten noch mit gut 1 cm Olivenöl bedecken und das Glas gut verschließen.

☞ **TIPP** Diese Köstlichkeit ist hervorragend als Antipasti geeignet und kann gut als kalte Vorspeise serviert werden.

EINGELEGTE ZUCCHINI

2,5 kg Zucchini
je 1 gelbe, grüne und rote Paprika
1 l Weißweinessig
1/2 l Wasser
100 g Kristallzucker
3 EL Salz
1 EL Pfefferkörner
1 TL Kümmelsamen
1 TL Senfkörner
2–3 Lorbeerblätter

Die Zucchini und Paprika in grobe Würfel schneiden. || Essig, Wasser, Zucker, Salz mit den Gewürzen kurz aufkochen und die geschnittenen Zucchini und Paprika hineingeben. || Alles zusammen für 3 Minuten aufkochen und danach kochend heiß in Gläser füllen. Die Gläser sofort verschließen und zum Auskühlen ruhig stehen lassen. || Die eingelegten Zucchini lässt man im kühlen und dunklen Vorratsraum noch für 4 Wochen stehen, dann ist diese Köstlichkeit fertig zum Genuss.

ZWETSCHKE

ZWETSCHKENKONFITÜRE

1 kg Zwetschken, entsteint
100 g Rosinen
etwas Kristallzucker
1 Schuss Rotwein
1 Prise Zimt
1 Prise Piment
1 kg Gelierzucker 1:1

Die Zwetschken werden in dünne Streifen geschnitten. Die Rosinen werden entweder mit einem Messer oder mit einem Wiegemesser fein gehackt. || In einem Topf wird etwas Kristallzucker goldgelb karamellisiert und mit 1 guten Schuss Rotwein abgelöscht. Jetzt gibt man die geschnittenen Zwetschken und gehackten Rosinen dazu. Die Masse mit einer Prise Zimt und Piment würzen und alles zusammen nun für gut 15 Minuten leicht wallend kochen lassen. Anschließend den Gelierzucker einrühren, gut auflösen und alles zusammen weiteren 6 Minuten leicht wallend kochen lassen. || Die Konfitüre in Gläser abfüllen, diese rasch verschließen und zum Auskühlen ruhig stehen lassen.

ZWETSCHKENRÖSTER

5 kg Zwetschken, entsteint
600 g Kristallzucker
2 Zimtstangen
2–3 Sternanise
1 Schuss Amaretto

Die Zwetschken werden mit dem Zucker gut vermischt und in einen passenden Bräter gegeben. Dort lässt man den Ansatz für gut 12 Stunden ziehen. || Anschließend werden die Gewürze dazugegeben und man lässt alles zusammen im Backrohr bei ca. 180 °C Heißluft für 4–5 Stunden schmoren. Damit der Wasserdampf entweichen kann, wird die Tür des Backofens immer wieder kurz geöffnet. Während der 4–5 Stunden Garzeit wird nicht umgerührt. Gegen Ende der Garzeit sollten die Früchte zu einem dicken Mus geschmort sein. Ist dies der Fall, wird der Bräter aus dem Backrohr genommen, die Gewürze entfernt, und der Zwetschkenröster mit 1 kräftigen Schuss Amaretto abgeschmeckt und alles gut umgerührt. || Den Zwetschkenröster nun heiß und möglichst rasch in Gläser füllen, diese fest verschließen und langsam auskühlen lassen.

☞ **TIPP** Zwetschkenröster wird meist als Beilage zu Wildgerichten oder Schmorbraten serviert.

ECHT BÖHMISCHER POWIDL

2 kg Zwetschken, entsteint
1/2 TL Ingwer, gerieben
1 Prise Zimt
1 Schuss Inländerrum, 38%ig

Die Zwetschken werden in dünne Streifen geschnitten und anschließend in einem Topf bei gutem Rühren für gut 3 Stunden auf kleiner Flamme gekocht. || Während des Kochens gibt man den geriebenen Ingwer dazu und schmeckt mit 1 Prise Zimt ab. Gegen Ende der 3 Stunden rührt man einen guten Schuss Inländerrum ein. Die Masse ist jetzt gut eingedickt und hat eine dunkle Farbe bekommen. || Den Powidl nun kochend heiß in Gläser füllen und diese rasch verschließen.

☞ **TIPP** Powidl lässt sich auch im Backrohr machen. Hierzu das Backrohr auf 180 °C Heißluft vorwärmen und die geschnittenen Zwetschken mit den übrigen Zutaten in einer hitzefesten Form ins Backrohr schieben. Im Backrohr wird nun so lange gebacken, bis die Masse gut eingedickt ist. Alle 15 Minuten rührt man mit einem Kochlöffel um, damit das Eindicken etwas schneller vorangeht. Powidl ist ein ohne Zucker und Konservierungsmittel hergestellter Fruchtbrei. Dieser eignet sich hervorragend zum Füllen von Süßspeisen, wie z.B. Krapfen. Powidl ist aber auch eine extravagante Begleitung zu kräftigem Käse oder Schimmelkäse und Wein.

RUMTOPF

2 l Wasser
260 g brauner Zucker
1 kg Zwetschken, entsteint
1/8 l Jamaikarum
1 Prise Zimt
1 Prise Muskat
1 Prise Piment
1 Prise Kardamom
1 Prise Nelkenpulver

In einem Topf das Wasser mit dem Zucker aufkochen und je 1 Prise Zimt, Muskat, Piment, Kardamom und Nelkenpulver dazugeben. || Den Ansatz für gut 10 Minuten leicht wallend kochen lassen, bevor die Zwetschkenhälften beigefügt werden. Anschließend die Masse weitere 5 Minuten leicht wallend kochen lassen. || Zum Schluss gibt man noch den Rum dazu und füllt das Kompott rasch in Gläser ab. Die Gläser rasch verschließen und langsam auskühlen lassen.

ZWETSCHKENKOMPOTT MIT ROTWEIN

- 1 kg Zwetschken, halbiert und entsteint
- 1 l Wasser
- 1 Zimtstange
- 3 Gewürznelken
- 1 Sternanis
- Mark v. 1 Vanilleschote
- 150 g Kristallzucker
- 1 kräftiger Schuss Rotwein

Die Zwetschkenhälften im Wasser zusammen mit der Zimtstange, den Gewürznelken, dem Sternanis und dem Vanillemark zum Kochen bringen und für gut 8 Minuten leicht wallend kochen lassen. Anschließend den Topf vom Herd und alles für ca. 1 Stunde auskühlen lassen. || Nun die Gewürze herausfischen, die Masse noch einmal zum Kochen bringen und den Zucker einrühren. Zum Schluss noch mit 1 kräftigen Schuss Rotwein abschmecken. || Das Zwetschkenkompott heiß in Gläser füllen, diese rasch verschließen und langsam auskühlen lassen.

☞ **TIPP** Als Begleiter zu Schmarrn oder Palatschinken ist dieses Zwetschkenkompott etwas Vorzügliches. Auch zum Vanilleeisbecher schmeckt das Kompott ausgezeichnet.

ESSIGZWETSCHKEN NACH LISI MAUTNERS ART

- 2,5 kg reife Zwetschken
- 1,5 l Rotweinessig
- 1 l Wasser
- 500 g Kristallzucker
- 1 Zimtrinde
- ca. 5 Nelken
- 2 Lorbeerblätter
- 1/2 TL Wacholderbeeren
- 1 TL schwarze Pfefferkörner

Mit einer Gabel werden die Zwetschken ein paar Mal angestochen und in einer Schüssel mit dem kochenden Sud aus Weinessig, Wasser, Zucker, Zimtrinde und den restlichen Gewürzen übergossen. || Nach rund 12 Stunden wird der Sud abgeseiht, abermals zum Kochen gebracht und wieder kochend heiß über die Zwetschken gegossen. Vor dem abermaligen Aufkochen müssen unbedingt die Lorbeerblätter entfernt werden, da der Sud sonst schnell bitter schmeckt. || Nach weiteren 12 Stunden werden dann die Zwetschken gemeinsam mit dem Sud kurz aufgekocht und man lässt alles zusammen ca. 3 Minuten kochen. || Die Essigzwetschken anschließend heiß in saubere Gläser füllen und diese sofort dicht verschließen. Die Zwetschken sollen in den Gläsern gut im Sud schwimmen. || Nun stellt man die Gläser noch für ca. 4 Wochen an einen dunklen, kühlen Ort.

☞ **TIPP** Nach diesen 4 Wochen haben die Zwetschken eine fein würzige, säuerlich frische Geschmacksnote und eignen sich perfekt als Beilage zu dunklem Fleisch.

MEDITERRAN MARINIERTE ZWETSCHKEN

2 kg Zwetschken
1 l kräftiger Rotweinessig
500 g brauner Rohrzucker
5–8 Knoblauchzehen, geschält
5 Lorbeerblätter
je 4 Rosmarin- und Thymianzweige
1 EL Lavendelblüten

Mit einer Gabel wird rundherum in die Zwetschken eingestochen. Zusammen mit dem Essig, dem Rohrzucker und den Knoblauchzehen werden die Zwetschken dann für ca. 8 Minuten leicht wallend gekocht. || In der Zwischenzeit werden die Kräuter auf die Gläser, in die dann die Zwetschken kommen, aufgeteilt. || Nach ca. 8 Minuten werden die Zwetschken mit einer Kelle in die Gläser gefüllt und diese mit dem kochend heißen Sud aufgefüllt. Anschließend die Gläser sofort fest verschließen und langsam auskühlen lassen. Vor dem Verzehr sollte man die mediterran marinierten Zwetschken an einem kühlen und dunklen Ort noch für gut 4 Wochen ziehen lassen.

ZWETSCHKENCHUTNEY

1 kg Zwetschken, entsteint
50 g Rosinen
50 ml Campari
Saft v. 3 Orangen
200 g Zucker
200 ml Balsamico
30 g frischer Ingwer, gerieben
1 gr. Zwiebel, gehackt
1/2 EL Senfkörner, gemörsert
1/2 EL Piment, gemörsert
1/2 EL schwarze Pfefferkörner, gemörsert
2 getrocknete Chilischoten, gemörsert
1/2 Zimtstange
1 Sternanis
1/2 EL Orangenschale, geraspelt
2 Lorbeerblätter
4 Gewürznelken
500 g Gelierzucker 1:1

Die Zwetschken in feine Streifen schneiden und zusammen mit allen Zutaten außer dem Gelierzucker in einem Topf für gut 1 Stunde leicht wallend kochen lassen. Es ist wichtig, die Masse während dieser Zeit immer wieder umzurühren, damit nichts anbrennen kann. || Nach gut 1 Stunde Zimtstange, Sternanis, Lorbeerblätter herausfischen und den Gelierzucker einrühren. Die Masse nun noch einmal für ca. 5 Minuten leicht wallend kochen lassen. || Das Chutney anschließend in saubere Gläser füllen, diese rasch verschließen und zum Auskühlen ruhig stehen lassen.

☞ **TIPP** Zwetschkenchutney passt ausgezeichnet zu Grillfleisch und bringt einen geschmacklichen Höhepunkt in Ihre Grillfeier.

ZWIEBEL

ZWIEBELKONFITÜRE

1 kg Zwiebeln
1 Prise Muskat
1 kg Gelierzucker 1:1

Die Zwiebel werden kleinwürfelig geschnitten und in einem Topf mit etwas Wasser zum Kochen gebracht. Nach ca. 15 Minuten leicht wallendem Kochen gibt man 1 Prise Muskat und den Gelierzucker dazu. || Jetzt kocht man die Masse weitere 5–7 Minuten, bis der Gelierzucker zur Gänze aufgelöst ist. || Die Konfitüre kochend heiß in Gläser füllen und diese rasch verschließen.

☞ TIPP Zwiebelkonfitüre ist ein typisch italienisches Gericht und wird vor allem zu Fleischspeisen gereicht.

ZWIEBEL-PAPRIKA-RELISH

1 kg Zwiebeln, gewürfelt
5 verschiedenfarbige Paprika, gewürfelt
4 EL kalt gepresstes Olivenöl
5 Tomaten, gehäutet
2 mittlere Chilischoten, gehackt
5 EL Tomatenmark
5 EL Essig
1/4 l trockener Weißwein
etwas Salz und Pfeffer
80 g Kristallzucker
1 gehäufter TL Paprikapulver
1/8 l kräftiger Gemüsefond (wahlweise 1 Gemüsesuppenwürfel)

Zwiebel- und Paprikawürfel in heißem Öl anrösten, dann die Tomaten und Chili dazugeben und alles zusammen leicht anschwitzen lassen. || Jetzt das Tomatenmark, den Essig und den Weißwein einrühren und mit Salz, Pfeffer, Zucker und Paprikapulver würzen. Die Masse einmal gut aufkochen lassen und dann 1 Stunde zugedeckt auf kleiner Flamme leicht wallend köcheln lassen. Zuletzt wird das Relish mit dem Gemüsefond abgeschmeckt und bei offenem Deckel eine weitere Stunde leicht wallend geköchelt. || Die eingedickte Masse heiß in Gläser füllen, diese sofort verschließen und zum Auskühlen ruhig stehen lassen.

☞ TIPP Zwiebel-Paprika-Relish ist eine hervorragende Fleischbeilage und sehr einfach herzustellen. Der Geschmack der gekochten Zwiebeln in Kombination mit verschiedenen Zutaten und auch Gewürzen kann die Würze eines Fleischgerichtes zusätzlich unterstreichen. Auch zu Reis, Nudeln oder gekochten Erdäpfeln ist das Relish eine perfekte Beilage.

GEGRILLTE FRÜHLINGSZWIEBEL IN ÖL

1 kg Frühlingszwiebeln
Olivenöl
Salz
Rosmarinnadeln
Thymian
Lorbeerblätter

Die Frühlingszwiebeln werden auf einem Grill oder in einer heißen Pfanne mit etwas Öl gut angebraten, bis diese gar sind, und lässt sie anschließend auskühlen. || Die ausgekühlten Frühlingszwiebeln nun möglichst dicht in Gläser schlichten. Zwischen den einzelnen Lagen jeweils die Gewürze hineingeben sowie das Glas mit Olivenöl auffüllen. || Zum Schluss bedeckt man die Frühlingszwiebeln noch mit gut 1 cm Öl und verschließt die Gläser fest. Wenn man diese Frühlingszwiebeln nun noch für gut 6 Wochen ziehen lässt, können die Aromen aus den Gewürzen richtig zur Geltung kommen.

SAUER EINGELEGTE ZWIEBELN

800 ml Rotweinessig
1/2 l Wasser
1 TL Senfkörner
1 TL schwarze Pfefferkörner
1 TL Wacholderbeeren
4 Lorbeerblätter
1 kg rote Zwiebeln

Der Essig wird mit dem Wasser und den Gewürzen für gut 15 Minuten leicht wallend gekocht. || Die Zwiebel in mundgerechte, relativ große Stücke schneiden und nach der Viertelstunde zum heißen Sud dazugeben. Verwendet man Frühlingszwiebel, kann man diese auch im Ganzen lassen bzw. halbieren. || Alles zusammen lässt man nun für weitere 8 Minuten leicht wallend kochen. Anschließend die Zwiebeln samt Sud und Gewürzen in Gläser füllen und diese rasch verschließen.

☞ **TIPP** Bevor man die sauer eingelegten Zwiebeln das erste Mal genießt, sollten die Gläser noch ca. 5 Wochen ziehen.

ABKÜRZUNGEN

kg	*Kilogramm*
g	*Gramm*
l	*Liter*
ml	*Milliliter*
EL	*Esslöffel, Suppenlöffel*
TL/KL	*Teelöffel, Kaffeelöffel*
Msp.	*Messerspitze*
Pkg.	*Packung*
Stk.	*Stück*
kl.	*klein*
gr.	*groß*

ÜBER DEN AUTOR

Ulrich Jakob Zeni ist seit über zehn Jahren als Fachberater für Obstverarbeitung an der Landwirtschaftskammer Tirol tätig und hat sein Wissen bereits in unzähligen Seminaren über das Verarbeiten von Obst und Gemüse weitergegeben. Neben der Bewirtschaftung seines eigenen Obst- und Weinbaubetriebs ist er als Mitglied der Spirituosenakademie im In- und Ausland unterwegs. || Als Vortragender, Organisator von Destillatverkostungen und Jurymitglied bei diversen Wettbewerben hat er es sich zum Ziel gemacht, beim Konsumenten das Bewusstsein für Destillate höchster Güte zu schärfen. Seine umfassende und langjährige Praxiserfahrung fließt in sein aktuelles Buch ein.

Mehr über Ulrich Zeni finden Sie auf www.zeni.at | www.facebook.com/Zeni.Ulrich

REGISTER

Essig

Gelee, Konfitüre und Marmelade

Geist und angesetzter Schnaps

Getrocknetes – Früchte, Gemüse und Kräuter

Grundlagen

Likör

Nektar, Saft und Sirup

Pesto

Relish

Salzig und sauer eingelegt

Süß-sauer eingemacht

Ulrichs besondere Schätze